LA CROISADE DE LA LIBERTÉ

87, quai Panhard-et-Levassor - 75647 Paris Cedex 13
ISBN : 978-2-0812-6623-0

BERTRAND SOLET

LA CROISADE DE LA LIBERTÉ

Flammarion Jeunesse

Le périple de Gauthier

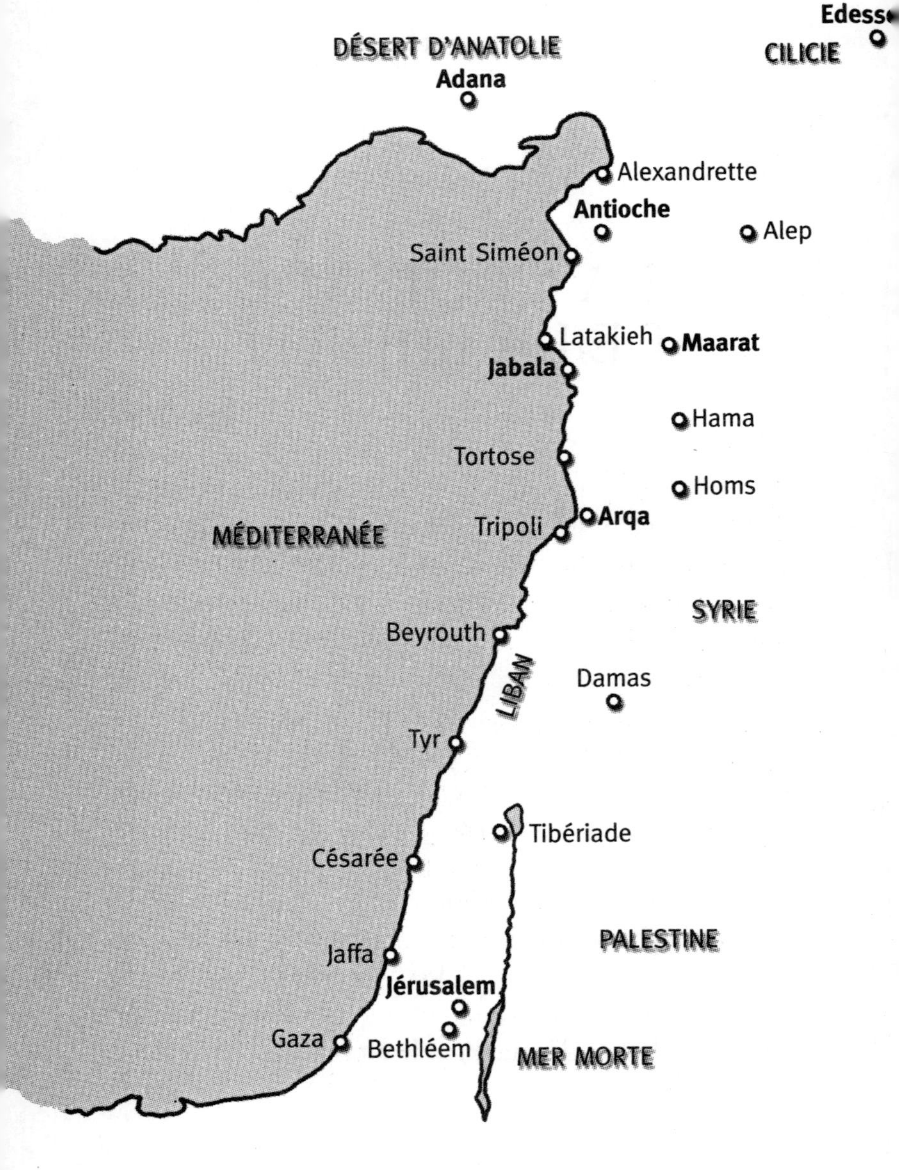

1

Sur la paille d'un cachot

Août 1096

Est-il au monde quelqu'un de plus à plaindre qu'un innocent condamné à mort ? Gauthier n'en pouvait plus de se tordre sur la paille moisie du cachot, de tirer sur sa chaîne rivée au mur, et de hurler pour réclamer justice sans que personne n'entende.

Les rats se terraient dans leurs trous, effrayés par cette agitation, ne sortant qu'aux moments de répit, lorsque le jeune écuyer, épuisé, restait immobile, tandis que repassaient dans sa mémoire les images affreuses d'un très proche passé :

Au retour de la chasse, il galopait à travers champs, sans se soucier des épis mûrs piétinés par sa monture. Près de lui chevauchaient Philippe, le neveu du seigneur de Liancourt, et Eudes de Paline, fils orgueilleux d'un noble des environs. Ils étaient arrivés en sueur au château des Liancourt, et s'étaient rendus tous les trois dans une salle près des cuisines, où des baquets d'eau les attendaient. Heureux de se rafraîchir, ils riaient en s'éclaboussant.

Gauthier s'était attardé. « Tu nous rejoindras ! » avaient crié les autres. En se rhabillant, l'écuyer s'était aperçu de la disparition de sa dague. Au même instant des cris se firent entendre au loin, il se précipita : Philippe gisait à terre dans un recoin du corridor, la dague enfoncée en pleine poitrine, jusqu'à la garde !

La suite ressemblait à un cauchemar, l'arrivée du seigneur, les soldats, l'accusation, l'emprisonnement... Lorsqu'il comparut devant la cour de justice seigneuriale, tout accusait Gauthier du crime, la dague, et le fait qu'Eudes avait laissé Philippe seul dès leur sortie du bain, des témoins l'attestaient. Le seigneur de Liancourt, le visage crispé de douleur et de colère, avait condamné l'écuyer à la peine de mort, ayant sur ses terres droit de basse et haute justice ; d'ailleurs, un magistrat royal approuva la sentence...

Gauthier allait mourir le lendemain, sur la potence dressée devant la prison. La comtesse de Terrehaute, sa mère, avait eu beau se jeter, suppliante, aux pieds du seigneur, et le brave moine Clément, son confesseur, jurer à son évêque l'innocence de Gauthier qu'il connaissait depuis l'enfance, rien n'y fit.

L'écuyer eut un sursaut, les rats s'écartèrent... À travers le haut soupirail, la lumière se faisait moins forte, la nuit s'annonçait ; un geôlier parut un instant de l'autre côté de la grille pour allumer une torche, qui s'éteindrait à l'aube quand le bourreau viendrait le chercher.

Le temps passait. Brusquement, il y eut du tapage, des bruits de voix et de course, et le geôlier réapparut, se hâtant derrière le moine Clément, la mine radieuse, les bras tendus à moitié sortis des larges manches de sa robe de bure, qui courait aussi vite que le lui permettait son ventre rond.

— Gauthier ! criait-il, tu es sauvé !

L'écuyer voulut s'élancer, mais sa chaîne le retint et il retomba sur la paille.

— Cela est vrai, mon fils ! Dieu n'a pas voulu ta mort !

— Que... que dites-vous ? bégaya Gauthier.

— Attends, je t'explique...

Le moine s'accrocha des deux mains aux barreaux de la grille ; ses grosses joues semblaient danser sur sa figure tant il parlait avec animation :

— Sa sainteté le pape t'a sauvé ! L'évêché a reçu des instructions précisant que sont graciés les condamnés de droit commun qui veulent combattre en Terre sainte pour délivrer Jérusalem, y compris les condamnés à mort. Ceux-là devront jurer de consacrer leur vie à la défense des chrétiens de

Palestine. Et tu vas le jurer, Gauthier ! Monseigneur l'évêque t'attend dès demain.

Gauthier se sentit revivre tout à coup, son sang coula plus vite dans ses veines, son cœur battit plus fort ! Il ne comprenait pas exactement ce que disait le prêtre, mais il savait l'essentiel : sa vie était sauve !

Le reste ne comptait pas pour l'instant, les paroles du moine coulaient, telle une eau fraîche, il souriait seulement soulagé à l'extrême, ému en apprenant le bonheur de sa mère, riant de la fureur du seigneur de Liancourt, lequel ne pouvait pourtant s'opposer à la volonté papale.

— Il te fera accompagner par un sergent, continua le moine, afin que tu ne t'échappes point en route, et madame ta mère s'occupe déjà de vendre des bijoux lui appartenant pour payer ton voyage, t'acheter un bon cheval de marche, et un autre qui portera tes affaires. Hum... elle me fournira aussi un mulet, car je pars avec toi, elle m'en a prié, ce qui est loin de me déplaire. Tu auras l'épée de ton père, le noble comte, que Dieu ait son âme, bien que tu ne sois point encore armé chevalier...

Devant ce flux de détails, Gauthier commençait à se rendre compte de la réalité : il allait participer à la croisade prêchée par le pape Urbain II pour libérer Jérusalem des Turcs qui empêchaient les chrétiens de s'y rendre en pèlerinage. Un scandale aux yeux de chaque croyant d'Europe ! Beaucoup de nobles feraient partie de l'expédition, et déjà, disait-on, des gens du peuple s'étaient mis en marche, emportés par leur indignation, guidés par Pierre l'Ermite et Gautier Sans Avoir, au cri de « Dieu le veut ! »

— Hé, Gauthier, réveille-toi, je te parle ! Le geôlier m'autorise à rester avec toi cette nuit ; j'aime mieux, pour éviter peut-être un mauvais coup de je ne sais qui.

— Merci, merci pour tout...

— Arrête ! J'ai toujours cru en ton innocence. Il n'en reste pas moins vrai que Philippe est mort, et qu'il ne s'est pas enfoncé lui-même ta dague dans la poitrine. Le coupable n'aimera pas ta libération, tu peux me croire.

Gauthier se raidit. Personne ne connaissait ses soupçons, pourtant, en se rappelant les faits et gestes de chacun lors du jour du meurtre, il était arrivé à la conclusion que le criminel pouvait bien être Eudes. Ce dernier avait eu le temps nécessaire pour s'emparer de la dague, frapper Philippe avant de s'éloigner en réclamant à boire aux gens de cuisine... Et Eudes avait une bonne raison de tuer le neveu du seigneur de Liancourt : tous deux étaient amoureux d'une même jeune fille, ils s'étaient déjà durement disputés à son sujet, bien qu'ils fissent semblant de rester amis...

Le moine Clément se rappela à nouveau à l'attention de l'écuyer, se méprenant sur son attitude passive :

— Je te comprends, mon fils, dit-il, tant de nouvelles à la fois t'ont troublé, et d'abord celle de ta grâce... Pour le reste, dis-toi que c'est un bonheur de partir en croisade. Saint Matthieu a rappelé les paroles du Christ : « Quiconque quittera sa maison, ses terres, sa famille, à cause de Mon nom, recevra le centuple et possédera la vie éternelle... » Tu entends ? Beaucoup partent comme nous. Tiens, j'ai appris que le comte Eudes de Paline, par exemple, avait déjà rejoint le duc de Lorraine, Godefroi de Bouillon, que nous allons nous-mêmes retrouver au plus vite.

2

Départ pour la croisade

Septembre 1096

— Bonnes gens, écoutez-moi ! Nous allons à Jérusalem, une longue route nous attend. Ce n'est pas la charité que je demande : en échange de quoi manger, je vous offre une histoire, celle du noble seigneur qui nous mène...

— Holà, jongleur ! riposta un homme qui portait comme tous une croix de tissu cousue sur la poitrine, raconte d'abord, avant d'être payé.

Beaucoup approuvèrent en riant. Le convoi s'était arrêté pour une pause ; il s'étendait à perte de vue, composé d'une foule disparate : des hommes à cheval en armes et en armure, d'autres à pied, vêtus comme chez eux au village, tête nue, le bourdon[1] à la main, le baluchon sur l'épaule. Les

1. Bourdon : long bâton des pèlerins.

bagages des nobles se trouvaient dans les lourds chariots à bœufs, surmontés d'un toit de toile en double pente. Les écus[1] resplendissaient au flanc des véhicules, chargés de coffres à vêtements, de tonneaux de vin, de paniers pleins de viande séchée, de poissons fumés, de légumes et de fruits secs, de miel, de pains d'épices...

Des dames de la noblesse étaient descendues de leurs litières, elles parlaient entre elles, se dégourdissaient les jambes ; des femmes du peuple s'affairaient, allumaient le feu pour préparer la soupe, rappelaient leurs enfants dispersés par quelque jeu ; un cordonnier rafistolait des bottes, un forgeron frappait sur son enclume portative, chevaux et mulets broutaient, les chiens aboyaient ou se battaient entre eux...

Amaury le Vif, le jongleur, serra la vielle sur sa poitrine, nombre de pèlerins l'entouraient à présent ; il fit glisser l'archet sur les cordes, sa voix claire et chantante s'éleva :

— Le noble duc Godefroi qui nous conduit, entouré de vaillants chevaliers, vous connaissez sa piété, sa force, son courage ! Combattant avec un ours, au corps à corps, il eut le dessus, ô merveille ! Mais savez-vous que par son père, Godefroi de Bouillon descend de Béatrix, l'épouse fabuleuse du

1. Écu : bouclier.

roi de l'Île de la Mer, qui eut sept enfants, dont six furent transformés en cygnes ?

Un peu à l'écart, Gauthier écoutait la légende sans y prêter attention, encore émerveillé par sa liberté retrouvée. Après la visite du moine, les événements s'étaient précipités, la promesse solennelle à l'évêque, les tristes adieux à sa mère, le départ en compagnie de Clément, et du sergent Guillaume, un mercenaire allemand serviteur du seigneur de Liancourt, chargé de le surveiller.

Guillaume, lourd d'aspect, les cheveux courts, le visage rude, parlant peu mais les yeux constamment en éveil, se tenait d'ailleurs derrière l'écuyer en ce moment ; il ne le quittait guère.

Les trois hommes venaient de rattraper la troupe du duc de Bouillon, partie du pays Wallon[1] à travers l'Allemagne. Et Gauthier attendait le moine, qui était allé remettre au duc une lettre de l'évêché.

Le jongleur se hâtait de dire son histoire, pressé de se restaurer ; c'est alors que parurent trois cavaliers, le premier portant le gonfanon au bout de sa lance, bannière de guerre annonçant la présence d'un noble.

Au lieu de faire un léger crochet pour passer, les cavaliers poussèrent leurs montures sur le groupe de pèlerins entourant Amaury le Vif.

1. Pays Wallon : partie de la Belgique actuelle.

— Place ! gronda le porteur de l'oriflamme.

Des murmures se firent entendre, les gens s'écartaient pourtant, mais le jongleur, lui, ne bougea pas d'un pouce, son visage fin soudain empourpré.

— Place ! répéta le cavalier.

Son cheval heurta Amaury, déséquilibrant le jongleur. La bête ralentit son allure, ce qui eut pour effet de mettre en colère le second cavalier, un jeune homme à la mine hautaine.

— Maraud ! lança-t-il, tu oses nous gêner !

Il allait sans doute lancer son cheval contre Amaury lorsqu'un cri l'arrêta :

— Eudes !

C'est Gauthier qui avait crié, reconnaissant soudain son ancien camarade. La mort de Philippe lui revint à l'esprit avec force... Son cœur battait à grands coups, il s'efforça pourtant de rester calme.

— La place ne manque pas pour passer, fit-il, les poings serrés.

— Je passe où je veux ! répliqua Eudes, qui reprit, le visage durci : Je te croyais pendu, Gauthier, justice n'est donc point faite...

— Je suis innocent, et tu le sais !

— Je ne sais rien du tout ! Mais te voir là, en compagnie de bons chrétiens partant en croisade me révolte... Nous nous retrouverons, Gauthier.

— À ta guise.

Sans répondre, les yeux toujours menaçants, Eudes se détourna et repartit, suivi des siens. Sa monture, d'instinct, passa au large du groupe de pèlerins sans les déranger. Après un instant, Amaury le Vif s'avança pour remercier Gauthier, encore bouleversé par la rencontre :

— Le service de Dieu, dit-il, n'enlève pas à certains l'orgueil et l'arrogance. Nous sommes tous frères, pourtant, paraît-il...

Il riait, puis, regardant autour de lui, il fit la grimace. L'incident avait permis à ses auditeurs de s'éclipser sans lui donner ni pain ni argent en paiement de son histoire. Il murmura à mi-voix :

— Je suis libre alouette, mais faut-il se transformer pour vivre en pie voleuse ou en coucou installé dans le nid d'autrui ?

Gauthier se calmait. Il comprit à demi-mot ce que disait le jongleur. L'homme lui plaisait ; silhouette jeune, visage éveillé, et il n'avait pas reculé devant les cavaliers.

— Veux-tu partager mon repas ? proposa-t-il. J'ai du pain et du lard.

Les yeux d'Amaury brillèrent, le sergent Guillaume ne réagit pas, et s'écarta même pour manger seul, comme il en avait pris l'habitude depuis le début du voyage.

Le moine Clément réapparut bientôt, monté sur une bonne mule noire qui supportait son poids sans rechigner. Lorsque Gauthier lui eut présenté le jongleur, et après avoir bu une bonne rasade d'eau à sa gourde, il rendit compte de sa démarche :

— Je n'ai vu Godefroi que de loin, dit-il, un bel homme, blond et fort, il était en prière ; j'ai seulement parlé à l'un de ses seigneurs, à qui j'ai remis la lettre de l'évêque. Quand il a su que tu possédais un destrier et une épée, le seigneur m'a indiqué qu'il aurait besoin de toi, dès que nous aurons passé Constantinople[1]. Pour l'instant, nous avons le royaume de Hongrie à traverser...

De loin, le sergent Guillaume tendait l'oreille.

Clément évoqua les autres armées se préparant pour la croisade, qu'on allait retrouver au seuil de l'Orient, à Constantinople, celle des Normands et des Anglais, celle de Raymond de Toulouse, celle de Bohémond, Normand lui aussi, mais venu d'Italie...

Gauthier rêvait en l'écoutant, pensant aux pays lointains qu'il allait découvrir, nouveaux, fascinants, si riches que nombre de croisés songeaient déjà à s'y installer à demeure. Qu'allait-il trouver là-bas une fois le tombeau du Christ délivré ? Gloire ? Fortune ? Amour ? Oui, amour... On disait les femmes de l'Orient si belles... Un sourire ravi

1. Constantinople : Capitale de l'empire de Byzance (ancien empire romain d'Orient) comprenant entre autres les territoires actuels de Grèce et de Turquie. Aujourd'hui Istanbul.

lui vint aux lèvres, mais, brusquement, il se souvint à nouveau de la mort de Philippe, de la présence d'Eudes parmi la troupe en marche, des larmes de sa mère au moment du départ ; la triste réalité effaça son sourire.

3

Tentative d'assassinat

Fin septembre 1096

Gauthier et le jongleur Amaury restèrent ensemble. Il plaisait à l'écuyer d'avoir pour la route un compagnon de son âge, agréable et rieur, avec qui il pouvait parler, et qui semblait le comprendre. Le musicien pensait de même, content et flatté. Les deux jeunes gens marchaient de concert, l'un à cheval, l'autre à pied. Amaury continuait à raconter des histoires aux pèlerins pour gagner sa vie, en s'accompagnant de sa vielle. Le moine manifestait quelque réticence à l'égard du jongleur, moins respectueux qu'il ne l'aurait voulu envers les gens d'Église et la sainte religion...

La troupe commandée par Godefroi de Bouillon, duc et comte, poursuivait sa marche à travers l'Allemagne, toujours aussi décidée, mais plus chaotique qu'au début. La fatigue ralentissait déjà nombre de croisés malgré l'ardeur de leur foi, certains même s'arrêtaient, pleins de tristesse. Femmes et enfants du peuple étaient ceux qui avaient le plus de mal à suivre ce grand fleuve humain progressant à travers la campagne. À chaque village aperçu de loin, beaucoup demandaient, aussi impatients qu'ignorants :

— Est-ce là Jérusalem ?

— Bonnes gens, annonçait Amaury le Vif aux spectateurs durant les haltes, bonnes gens, évitez d'acheter des oies aux paysans qui viennent vous en proposer. Pourquoi ? Je vais vous le dire : Dans la ville de Cambrai, une femme de grande piété décida de partir pour la Terre sainte. Elle quitta sa ferme, sabots aux pieds, baluchon sur l'épaule, bénie par le curé, saluée par les habitants de son village. Mais là, ô surprise, elle s'aperçut qu'une oie la suivait, oui, une oie ! La dame eut beau faire, la volaille ne voulut jamais la quitter, et la suit encore ! N'est-ce point là une preuve évidente de la volonté divine ? Dieu a aussi choisi les oies pour conquérir Jérusalem, ce serait un péché que de s'en nourrir !

Les gens riaient, le moine Clément se signa, mécontent :

— Ce garçon, dit-il, me plairait bien sans ses moqueries.

— Mais s'agit-il de moquerie ? répliqua le jongleur aux reproches amicaux que lui fit Gauthier. Où allons-nous si les moines ne croient plus aux miracles...

Enfin la frontière du royaume de Hongrie fut atteinte. La troupe dut s'arrêter là, car l'armée hongroise barrait le passage. Les nouvelles arrivèrent par bribes :

— Il paraît que les croisés partis avant nous avec Pierre l'Ermite, Gautier Sans Avoir, et d'autres, ont pillé des villages, volé et tué en abondance, surtout des juifs, mais pas seulement.

— Le roi de Hongrie se méfie maintenant, il a demandé des otages avant de nous laisser passer, le propre cousin du duc, sa femme et ses enfants, à ce qu'on dit...

— Le duc de Bouillon discute avec le roi...

L'attente se prolongea, l'impatience grandissait. Un jour enfin parurent des hérauts d'armes, officiers chargés de transmettre un message de Godefroi. Ils parcouraient à cheval le camp formé par les croisés au repos, s'arrêtant de place en place pour annoncer le départ de la troupe le lendemain, et menacer des plus lourdes peines ceux qui se permettraient la moindre rapine, la moindre querelle avec les Hongrois.

Ce soir-là, Gauthier décida de se coucher tôt et prit place sous la toile tendue qui lui servait d'abri, accrochée à quatre piquets de bois fichés en terre. Le moine s'allongea près de lui ; très vite l'écuyer l'entendit ronfler. Amaury avait disparu, le sergent Guillaume s'était écarté pour dormir derrière des arbres proches ; chevaux et mulets paissaient tranquillement.

Le sommeil tardait à venir ; autour de la tente improvisée, quelques feux allumés faisaient des taches de lumière dansante dans l'obscurité où l'on devinait des silhouettes, celles de chariots, d'animaux paisibles, de gens rassemblés. Les bruits s'atténuaient peu à peu. Gauthier regarda le ciel où passaient des nuages gris voilant et dévoilant tour à tour de brillantes étoiles. Il pensa à sa mère restée seule au pays de France. Il se sentait seul, lui aussi... Une fois de plus lui revint en mémoire le souvenir de Philippe assassiné. Il n'avait pas revu Eudes de Paline depuis leur rencontre du départ, son ancien ami devait se trouver parmi les nobles, en tête de la troupe. Il se souvint de ses menaces...

Enfin, le sommeil le prit, en dépit des ronflements du moine, happant l'air par les narines en profondes aspirations, et l'expulsant à grand bruit par la bouche.

L'écuyer dormait depuis un moment lorsqu'il eut soudain conscience d'un danger, peut-être à cause d'une branche tombée qui craquait sous un pied, ou du bruit provoqué par la toile remuée au-dessus de lui. Toujours est-il qu'en ouvrant les yeux, il aperçut une silhouette dressée ! D'instinct, il s'écarta d'un brusque mouvement de son corps, tandis qu'une arme s'abattait avec force juste à l'endroit où se trouvait sa tête une seconde auparavant.

Avec un grognement de dépit, la silhouette recula, lâcha son arme, sauta par-dessus le moine Clément et s'enfuit. Gauthier se redressa et voulut la poursuivre. Par malchance, le religieux, éveillé en sursaut comme lui, se dressait également sur sa couche d'herbe ; le pied de l'écuyer l'accrocha et le garçon perdit l'équilibre.

Lorsqu'il se releva, son agresseur avait disparu.

— Hé, que se passe-t-il ? interrogea le moine Clément, la voix pâteuse.

— Je crois qu'on a voulu me tuer...

Gauthier respira un grand coup, se pencha pour ramasser une masse d'arme abandonnée, très simple, sans aucun ornement, juste une masse de bois renforcée de fer.

— Qui... qui a voulu te tuer ?

Le moine s'agitait, ému, multipliant grands gestes et signes de croix. Mais Gauthier n'avait reconnu personne. Bien entendu, il songea à Eudes. Il eut le plus grand mal à se rendormir.

À l'aube, Amaury le Vif parut, donnant la raison de son absence : une fête organisée par des nobles. La soirée s'était prolongée, on avait bu plus que de raison. Le jongleur montra avec satisfaction les pièces de monnaie reçues en paiement de sa musique.

Lorsque Gauthier lui raconta son aventure de la nuit, Amaury examina la masse avec soin. Il dit qu'elle lui rappelait des armes que possédaient les ribauds, un groupe de vagabonds accompagnant la troupe du duc. Leur mauvaise réputation était déjà faite parmi les croisés. Devant le regard désapprobateur du moine, il expliqua :

— Je ne mets pas leur piété en doute, ni leur volonté de participer à la libération de Jérusalem, mais on les dit voleurs, et pire, prêts à exécuter toutes les basses besognes. Si tu le veux, Gauthier, je tenterai de les approcher pour essayer d'apprendre quelque chose.

L'écuyer fut d'accord, le moine aussi, finalement. Seul le sergent Guillaume ne dit rien ; il attendait le départ, monté sur son cheval et tenant par la bride celui de Gauthier chargé de porter les bagages ainsi que l'armure du garçon, heaume et cotte de maille.

Gauthier le regarda un instant avant de lui demander s'il comptait l'accompagner encore longtemps.

— Le seigneur de Liancourt, répondit simplement le sergent, m'a ordonné de ne point vous laisser avant que les capitaines de Godefroi de Bouillon ne vous prennent en main. Ne vous inquiétez pas pour moi, je n'ai aucune préférence entre être ici ou bien au château de mon maître.

4

La joute

Novembre 1096

Pour tenir sa promesse, le jongleur s'intéressa tant aux ribauds qu'un matin il se vit entouré par un groupe d'hommes rudes et bruyants, et enlevé sans que personne ne s'aperçoive de rien autour de lui. Il se retrouva à l'écart de la troupe en marche, au fond d'un bosquet où l'attendait le chef de la bande, vêtu comme les autres de haillons, pieds nus, les cheveux hirsutes. On l'interrogea sans ménagement : que voulait-il ? que cherchait-il ?

Amaury s'expliqua franchement. Il raconta la tentative de meurtre et parla de la masse d'arme. Les ribauds présents ricanèrent, le chef affirma haut et fort que ses hommes n'étaient pour rien dans cette histoire.

— Et tiens-le toi pour dit, musicien du diable, il pourrait t'en cuire autrement ! Mon nom est Tafur et je ne plaisante pas !

Ils le laissèrent partir. Depuis ce jour, le jongleur évita les ribauds ; Gauthier ne pouvait lui en vouloir...

La Hongrie fut traversée sans encombre, longues plaines et steppe aride. Les pèlerins respectaient le bien d'autrui ; il y eut cependant quelques voleurs pendus, sans parler des traînards attaqués par des brigands.

Lorsque Godefroi de Bouillon pénétra dans l'Empire byzantin, l'empereur Alexis envoya des détachements de son armée pour guider les croisés jusqu'à Constantinople, la capitale, et assurer leur ravitaillement. La croisade convenait à l'empereur, car les soldats de Dieu allaient s'attaquer aux Turcs, qui avaient envahi ses terres de l'autre côté du Bosphore[1], les mêmes qui tenaient Jérusalem. Pourtant, l'empereur se méfiait des croisés : il craignait que les nouveaux venus ne veuillent garder pour eux les terres de son empire présentement occupées, au lieu de les lui rendre.

Les pèlerins marchaient toujours derrière Godefroi ; le moine Clément, comme bien d'autres, les encourageait, ranimait leur ardeur lorsque pesait trop sur eux la grande fatigue du voyage. Mais les voyageurs se

1. Bosphore : bras de mer qui sépare Constantinople de l'Asie.

connaissaient mieux, au moins entre proches compagnons de route ; ils se soutenaient, priaient ensemble, partageant le pain et l'espoir. Amaury jouait de sa vielle, racontait des histoires, chantait des chansons, Guillaume restait bouche close.

Un sergent de la suite du duc parut un soir, criant à la cantonade qu'il cherchait Gauthier de Terrehaute.

L'écuyer suivit l'homme, qui lui fit traverser le long campement des pèlerins installés pour la nuit. En tête de la troupe se trouvaient les tentes des chefs de l'expédition, leurs chariots, leurs soldats...

Gauthier, quelque peu impressionné, comparut devant Baudoin de Boulogne, un des frères de Godefroi, brun de cheveux et de barbe, l'allure hautaine mais le visage grave, volontaire et intelligent. Un long manteau le recouvrait, qu'il ne quittait guère.

— Je sais qui vous êtes, dit-il à l'écuyer, mais je n'ai pas à discuter les décisions de sa sainteté le pape.

Gauthier, respectueusement incliné devant le baron, se redressa, comme frappé d'un coup :

— Seigneur, jeta-t-il, je suis innocent du crime dont on m'accuse.

— Que m'importe ! Je rassemble ceux qui sauront combattre avec discipline sous le commandement de nos capitaines. Nous approchons de Constantinople et devons être prêts. Savez-vous manier la lance ?

Gauthier avait appris, cela faisait partie de l'éducation d'un jeune noble. Baudouin annonça que le surlendemain, dès la halte du soir, un tournoi aurait lieu, une simple mêlée qui permettrait de juger les nouveaux venus. Il devrait y participer... Sur ce, d'un geste du menton, il signifia à l'écuyer la fin de l'entretien.

En apprenant la nouvelle, l'émotion du moine Clément fut grande :

— Un tournoi... gémit-il, on s'y fait du mal, on attrape des coups !

La même nuit, une ombre approcha de l'endroit où reposait Gauthier.

Mais l'écuyer veillait, comme il le faisait depuis la nuit où on avait tenté de le tuer, en alternance avec le moine.

Il se dressa, trop tôt, l'ombre s'enfuit, Gauthier se lança en vain à ses trousses. Lorsqu'il retourna à son campement, il aperçut Amaury, revenant d'une de ses représentations nocturnes. Le jongleur lui montra une dague qu'il venait de ramasser. Une dague... Gauthier frissonna, pensant à la mort de Philippe de Liancour.

*

Le soir convenu, l'écuyer se rendit au champ clos installé dans une prairie, à côté du camp des nobles, délimité par des rubans derrière lesquels se pressait une foule de pèlerins. Des groupes de ribauds s'agitaient parmi eux, aussi curieux que les autres.

Gauthier se sentait ému en pensant à l'épreuve à laquelle il allait se soumettre. Il voulait faire bonne figure, ne pas décevoir.

Godefroi de Bouillon, ses frères et leurs épouses, s'installèrent cérémonieusement sur des sièges préparés à leur intention. Une suite nombreuse les entourait, composée de nobles dont Godefroi, puissant seigneur, était le suzerain, et qui l'accompagnaient dans cette croisade.

Des sergents prirent l'épée de Gauthier, lui donnant en échange une lance à l'extrémité arrondie et un bouclier qu'il attacha autour de son cou afin de protéger sa poitrine. Ils firent de même pour une quinzaine d'autres écuyers dont on voulait connaître la force et l'adresse. Le groupe de jeunes se mit en place, face à un deuxième groupe de la même importance, mais composé de combattants expérimentés. La foule leur adressait en criant des encouragements.

Un héraut la fit taire, puis annonça les règles du combat :

— La mêlée débutera au signal donné. Il s'agit pour chaque participant de rester en selle malgré la charge de son adversaire. On ne peut remonter à cheval qu'une seule fois, ensuite la mêlée sera terminée pour les perdants. Préparez-vous !

Gauthier se raffermit sur sa monture, une bête fine et puissante, au poil noir, marquée d'une étoile blanche au front, et qui avait chevauché sans fatigue excessive depuis le départ. Il baissa la visière de son heaume, allongea la lance qu'il tenait en main.

Les trompettes sonnèrent, les combattants des deux groupes s'élancèrent au galop. Gauthier serrait les dents, fixant le cavalier qui courait à sa rencontre et dont la silhouette massive se rapprochait à une vitesse folle.

Ce fut le choc ! L'écuyer s'envola de sa selle et retomba au sol, lâchant son arme.

Sa tête s'enflamma. Il s'imaginait que chacun le regardait, et ne regardait que lui, Godefroi de Bouillon, Baudoin. La honte !

Il reprit sa lance, se redressa d'un bond. Son cheval attendait, il se remit en selle sans rien voir de ce qui se passait autour de lui. Seul son adversaire lui importait. Ce dernier, le voyant reprendre place, s'éloigna au trot pour un nouvel assaut.

Gauthier attendit qu'il parvienne à bonne distance et lui fit signe qu'il était prêt. À nouveau les deux hommes se lancèrent l'un contre l'autre.

Cette fois, Gauthier eut le dessus : il bougea son corps et la lance adverse glissa sur son bouclier, tandis que la sienne frappait de plein fouet. L'autre cavalier perdit l'équilibre et vida les arçons.

Au troisième assaut, Gauthier gagna encore. Une vague de bonheur l'inondait...

Le champ clos avait perdu la moitié de ses combattants, l'écuyer crut la mêlée terminée. Elle ne l'était pas. Il aperçut soudain un nouvel adversaire galopant dans sa direction, sans l'avoir prévenu comme on doit le faire en combat loyal.

Il eut juste le temps de l'éviter en faisant virevolter son cheval. Puis il se lança de l'avant, le rattrapa et le frappa à son tour, avec toute la colère qui bouillonnait en lui.

Le cavalier fut renversé, perdant son heaume en touchant terre. Gauthier reconnut Eudes de Paline.

Un peu plus tard, Baudoin de Boulogne annonça à l'écuyer qu'il le prenait dans sa troupe.

5

Une très belle rencontre

De mars à mai 1097

C'est par hasard que Gauthier aperçut la jeune fille qui le bouleversa, au cœur même de la ville de Constantinople, près du palais somptueux de l'empereur Alexis. Ce jour-là, il accompagnait Baudoin de Boulogne.

Godefroi de Bouillon se trouvait depuis trois mois déjà installé sous les murs de la puissante capitale, accompagné des milliers de pèlerins de sa troupe. On attendait les autres armées, mais surtout, les discussions se poursuivaient avec l'empereur Alexis. Ce dernier exigeait un serment de fidélité avant de laisser les croisés passer sur ses terres d'Asie. Les chefs de la croisade devaient promettre de ne s'en emparer qu'au nom de l'empereur, qui en resterait le maître, eux n'étant que ses vassaux. Et Godefroi refusait de prêter un tel serment qui engageait l'avenir.

Gauthier descendit de cheval, on ne l'avait pas autorisé à entrer à l'intérieur du palais, gardé par nombre de soldats en uniforme d'apparat. À son tour, le moine Clément se laissa glisser du dos de sa mule ; il semblait plein d'enthousiasme :

— Je ne peux me rassasier du spectacle de cette ville, dit-il, ses monuments grandioses, ses églises, ses statues, ses larges places ! Regarde donc la coupole de Sainte-Sophie étinceler au soleil ! Quel dommage qu'une telle richesse appartienne à de faux chrétiens, des Grecs, des orthodoxes, qui se sont éloignés de notre sainte religion...

Bien qu'impressionné lui aussi, Gauthier ne l'écoutait que d'une oreille distraite ; les autres cavaliers de la suite de Baudoin s'étaient écartés, regroupés autour d'un charmeur de serpents qu'ils regardaient avec curiosité. Sur la place, en effet, au milieu des passants originaires de vingt peuples différents, ne manquaient ni bonimenteurs, ni artistes des rues, ni charlatans vantant quelque remède magique.

— Hé, Gauthier ! appela Clément qui changea de conversation. Tu sais que le sergent Guillaume a disparu. On ne le voit plus depuis quelques jours.

— Il nous avait prévenus de son départ, quand les nobles me prendraient en charge, ce qui est le cas. Il a traîné avant de partir, voilà tout.

— Il aurait pu nous dire au revoir, quand même.

L'écuyer se mit à rire :

— La moindre parole lui demandait un tel effort...

Gauthier s'interrompit et s'immobilisa soudain. Un groupe de jeunes femmes sortait du palais. La première, grande, fine, vêtue de riche soie, couverte de bijoux, l'éblouit. Des yeux noirs profonds éclairaient son visage brun entouré des lourdes torsades d'une chevelure de jais.

La jeune femme s'arrêta non loin de lui, mais sans le remarquer en apparence. Sa bouche aux lèvres pleines laissa entrevoir des dents très blanches lorsqu'elle lança un ordre dans une langue inconnue. Aussitôt les autres femmes lui répondirent avec respect en désignant la porte...

— Clément, fit Gauthier d'une voix troublée, avez-vous jamais vu une femme aussi belle, aussi attirante ?

Le moine se signa.

— Je ne savais pas, continua l'écuyer, qu'une telle splendeur pût exister au monde...

— Tais-toi ! l'interrompit Clément. Cette dame peut t'entendre !

— Qu'importe, elle est d'ici et ne parle pas notre langue...

Mais soudain Gauthier fut frappé de stupeur en entendant la jeune femme, qui s'étant tournée vers lui, l'interpellait, les yeux rieurs :

— Certaines dames d'ici, seigneur, parlent aussi votre langue.

Le rouge au front, l'écuyer s'inclina bien bas, s'excusa humblement en bafouillant un peu.

— Madame, ajouta-t-il, ne voyez nul affront dans mes paroles, seulement de l'admiration, aussi profonde que respectueuse.

Elle sourit sans répondre ; déjà des serviteurs accouraient, menant des chevaux. Les femmes se mirent en selle, assises en amazones, les deux jambes du même côté de leur monture. Gauthier ne put résister, il avança d'un pas :

— Madame, puis-je connaître votre nom ?

À nouveau, elle se tourna vers lui.

— À quoi bon, dit-elle, nous ne nous reverrons plus.

— Comment le savoir d'avance ?

— Je m'appelle Margalia, je suis la nièce de Thoros d'Édesse.

Il s'inclina à nouveau, le cœur battant à grands coups. Lorsqu'il releva la tête, le groupe de jeunes femmes s'éloignait déjà.

— Je te trouve bien audacieux, souffla le moine Clément. De plus, c'est une païenne.

Gauthier ne répondit mot, comme émerveillé, regardant seulement les femmes disparaître. Margalia ne s'était pas retournée.

Les autres nobles ne remarquèrent rien de l'incident ; eux avaient seulement admiré le charmeur de serpents... Bientôt, Baudoin de Boulogne apparut, le visage soucieux.

— Je crains, dit-il, que les choses ne se gâtent. Les Grecs menacent, ils vont nous couper les vivres si nous refusons encore de prêter serment à l'empereur. Enfin... Godefroi décidera ce qu'il y a lieu de faire.

*

L'empereur Alexis donna en effet des ordres pour que les croisés ne soient plus ravitaillés. Ces derniers se mirent à piller les faubourgs de la ville en quête de nourriture, disant : « Nous devons à toute force continuer notre route afin de libérer le tombeau du Christ. » L'armée grecque réagit, les heurts devinrent batailles et Godefroi de Bouillon décida de céder : on pouvait toujours tourner une promesse...

Gauthier vécut cette période l'esprit troublé, pensant surtout à Margalia, seulement aperçue l'espace d'un instant. Son image l'habitait, il s'en demandait la raison. Sans doute, oui, s'agissait-il de ce rêve confus poursuivi par nombre de croisés : trouver aussi en Orient leur princesse lointaine, l'amour et la richesse, en même temps que gagner la vie éternelle.

Margalia devait être une personne de qualité puisque Gauthier la revit de loin au palais, dans la suite de l'empereur lors d'une cérémonie officielle ;

il la trouva encore plus belle et séduisante, vêtue d'une robe pourpre rehaussée de dessins brodés en fils d'or. Il voulut s'élancer vers elle, mais, au même instant, Godefroi de Bouillon et ses barons s'agenouillaient devant Alexis pour lui promettre que les terres conquises sur l'ennemi ne leur appartiendraient que comme des fiefs. Gauthier dut rester immobile... Il reçut ensuite sa part des cadeaux offerts par l'empereur aux nobles croisés, vêtements de parade, chevaux, pièces d'or.

La cérémonie prenant fin, la foule commença à se disperser, et alors seulement Gauthier put se précipiter. Mais Margalia resta introuvable, à son profond désappointement.

Dès le lendemain, les croisés étaient largement approvisionnés en vivres, et les préparatifs commençaient pour passer le Bosphore à l'aide de bateaux, grands et petits, certains amenés de loin. Les autres armées arrivaient, celle de Raymond de Toulouse, celle de Bohémond. Elles furent accueillies avec enthousiasme.

En dépit de leur hâte, il fallut plus d'un mois avant que l'ensemble des chrétiens, trente mille croisés avec animaux, armes et bagages, ne foule enfin le sol de l'Asie[1]. Quelques bataillons de l'empereur les accompagnaient.

1. En Asie Mineure (Anatolie), aujourd'hui Turquie d'Asie.

À peine mit-il pied à terre que Baudoin rassembla ses hommes d'arme, comme les autres barons. Il rappela :

— Ici, les Turcs sont les maîtres, ils vont s'opposer à notre avance. Soyons vigilants...

Des terres inconnues s'ouvraient devant les croisés, la ville d'Antioche était la première grande étape sur la route à parcourir. Ensuite, ce serait Jérusalem !

Le moine Clément en pleurait d'émotion, Amaury le Vif composa pour l'occasion une ballade, qu'il appela *Espérance*.

Sans le vouloir, Gauthier pensait moins à la délivrance du Saint-Sépulcre, et aux terres convoitées par les seigneurs, qu'à la nièce de Thoros d'Édesse. La jeune fille occupait son esprit, toujours aussi lumineuse, attirante. Mais la reverrait-il seulement un jour ?

6

Première bataille

Juillet 1097

Presque une année s'était écoulée depuis le départ de France. Après les fatigues du voyage on attendait maintenant des luttes armées, comme Baudoin l'avait annoncé. D'ailleurs, dès le détroit franchi, les croisés aperçurent autour d'eux des cavaliers turcs, surveillant de loin leur avance.

Les armées chrétiennes arrivèrent bientôt devant la vieille ville de Nicée sur le lac d'Iznik. Gauthier ne vit rien du siège de la cité car il tomba malade. Une forte fièvre le laissa durant de longues journées abattu sur sa couche. Le moine Clément le soigna comme on soigne un enfant, le forçant à boire, lui appliquant des linges humides sur le front, priant sans cesse et l'écoutant divaguer.

L'écuyer revivait son enfance, la mort de son père au cours d'une guerre entre seigneurs comme il y en avait alors tant. Il revoyait sa mère et lui disait sa tendresse, retrouvait les serviteurs, les chasses passées, les chiens, les chevaux, et Philippe assassiné, et Eudes... À ces moments-là, il criait, clamait son innocence ! Le nom de Margalia revenait souvent sur ses lèvres, le moine Clément avait beau multiplier les signes de croix, cela n'y changeait rien.

— Elle l'a ensorcelé, gémissait le prêtre.

Le jongleur Amaury venait voir le malade chaque jour, et c'était l'occasion pour le moine de lui faire des reproches :

— Tu n'as que ta vielle en main, disait-il, aucune arme ne pend à ta ceinture. Est-ce avec ton archet que tu comptes délivrer Jérusalem ?

Amaury le Vif souriait, parlait du pouvoir des mots et de la musique, le moine n'en grognait que davantage.

Enfin Gauthier alla mieux, les fièvres s'en allèrent, il cessa de divaguer ; le prêtre entreprit alors de le gaver de nourriture pour lui redonner des forces.

Un jour, Amaury surgit, le visage rieur. La ville de Nicée venait d'être prise... par les bataillons de l'empereur de Constantinople, arrivés dans la cité en passant par le lac, alors que les croisés préparaient à terre un assaut décisif.

— Tu verrais la déception de nos gens ! s'exclama le jongleur. Ils espéraient tant piller la ville !

— Une ville d'infidèles ! riposta le moine indigné.

— Nous allons repartir de l'avant, annonça Amaury le Vif. Heureusement que te voilà sur pied.

Gauthier s'en fut trouver Baudoin de Boulogne ; ce dernier sembla heureux de son retour.

— Les croisés sont en nombre, souligna-t-il, mais les vrais combattants le sont beaucoup moins. C'est bien que tu sois guéri, nous allons très vite nous heurter à l'armée turque. Nous savons qu'elle se rassemble.

— Je suis prêt, seigneur, et heureux de combattre avec vous...

Le frère de Godefroi de Bouillon ne pensait pas si bien dire. La grande rencontre avec les Turcs eut bientôt lieu, alors que les croisés en marche se trouvaient à moins de cent kilomètres de Nicée, près d'un village du nom de Dorylée.

Bohémond le Normand allait en tête, suivi des siens. C'était l'un des chefs de la croisade, fort et rude seigneur rêvant de conquêtes. Un matin, alors qu'il s'apprêtait à lever son camp dressé pour la nuit, il vit surgir des collines environnantes des nuées de cavaliers ennemis.

Bohémond n'eut que le temps de mettre ses troupes en position de défense, abritant les pèlerins désarmés derrière les soldats, tandis que des messagers partaient chercher du secours...

Les premiers renforts, qui arrivèrent en hâte sur le champ de bataille, furent des cavaliers menés par Godefroi de Bouillon. Gauthier galopait parmi eux, en armure, la lance pointée ; en vérité, il n'avait pas menti à Baudoin et il lui plaisait de se battre enfin après ces longs mois de voyage. Le heaume baissé, il se lança à l'assaut, pensant à Margalia, offrant à la jeune fille sa première bataille comme le voulait l'usage.

Il était temps, les Normands de Bohémond n'en pouvaient plus, épuisés par les attaques des Turcs. Ceux-ci se précipitaient en vagues successives pour tirer sur les croisés des volées de flèches meurtrières, à bout portant, avant de fuir aussitôt, refusant tout corps à corps.

L'arrivée de Godefroi changea la physionomie du combat. La charge des croisés dégagea Bohémond et réussit à accrocher les Turcs. De nouvelles troupes arrivaient, débordant les flancs ennemis ; les grands barons dirigeaient leurs hommes en personne, Raymond de Toulouse, Hugues de Vermandois, frère du roi de France, et d'autres ; leurs trompettes sonnaient avec allégresse, des cris retentissaient : « Saint-Sépulcre » et « Jérusalem ! »

Gauthier se sentait bien, il avait retrouvé sa vigueur naturelle et combattait farouchement, de la lance, puis de l'épée. Baudoin de Boulogne, lui-même, remarqua sa vaillance et l'encouragea quand ils se retrouvèrent côte à côte.

L'écuyer revit soudain Eudes de Paline durant la bataille ; il le reconnut aux armoiries ornant son écu, à un moment où des croisés chargeaient : Eudes retenait visiblement sa monture pour ne pas se trouver en première ligne, Gauthier le dépassa, plein de mépris.

Au corps à corps, les Turcs n'étaient pas de taille à résister, en dépit de leur courage, face aux croisés bardés de fer, organisés et disciplinés. Après plusieurs heures de combat, menacés d'encerclement, ils fuirent, abandonnant non seulement des morts et des blessés en nombre considérable, mais aussi les riches tentes de leur campement, ainsi qu'un butin copieux : de l'or et de l'argent, des tapis, des chameaux, des chevaux, du bétail...

Les ribauds, Tafur en tête, ne furent pas les derniers à se lancer à la curée. En vérité, eux aussi s'étaient battus avec vaillance. D'ailleurs, même les femmes avaient participé à la bataille à leur façon, en apportant sans cesse à boire aux combattants, sans souci du danger...

Le moine Clément accourut vers les vainqueurs, resplendissant, remerciant le ciel d'avoir épargné Gauthier. Amaury aussi félicita l'écuyer, tout en lui annonçant une nouvelle quelque peu surprenante :

— Il m'a semblé aujourd'hui apercevoir parmi les nôtres le sergent Guillaume, en chair et en os. Je me suis précipité, mais ne l'ai point retrouvé.

Le moine leva les bras au ciel :

— Tu divagues, jongleur, riposta-t-il. À l'heure qu'il est, le sergent doit se trouver en France, auprès du seigneur de Liancourt, son maître.

Gauthier ne savait que penser, mais, au fond, il se moquait bien des faits et gestes de ce Guillaume. Qu'il suivît la croisade ou non lui était indifférent.

Le soir, la fête fut partout dans le camp des croisés, prières, actions de grâces, chansons et danses. On célébra la défaite des Turcs, tous avaient de quoi manger et boire, on criait que la suite du voyage serait facile, que personne n'oserait plus barrer la route aux pèlerins ! Délivrer Jérusalem n'était qu'une question de jours !

— S'il le faut, ajouta Clément, les cohortes du ciel viendront à notre secours, conduites par Gabriel, l'archange...

Amaury ne chôma point, jouant de la vielle tard dans la nuit.

7

Le désert de la soif

Septembre 1097

Le moine Clément n'en pouvait plus, la soif gonflait sa langue dans sa bouche, l'empêchant de respirer, chaque pas lui demandait un effort. Tout autour, les croisés marchaient lentement, tête basse, appuyés sur leur bâton, écrasés par le lourd soleil.

La bonne mule ressemblait à un squelette ambulant ; le moine en tenait la bride, n'osant monter sur son dos. Le cheval de Gauthier ne valait guère mieux. Quant au cheval de bât, il s'était volatilisé une nuit ; Amaury disait que les ribauds s'étaient régalés de sa viande...

Depuis leur victoire de Dorylée, les chrétiens suivaient péniblement les pistes poussiéreuses d'Anatolie, entre désert et hauts plateaux arides, vers la mer et Antioche. Nulles cultures ne couvraient le sol, pâturage naturel de troupeaux errants... Les Turcs s'étaient emparés des bêtes, pillant et brûlant les villages ; ils ne combattaient plus mais faisaient le vide devant les croisés.

Juste à côté du moine Clément, se trouvait une vieille femme presque pliée en deux sur son âne gris sale mené par un homme en haillons. Que faisait-elle là, grand Dieu, au lieu de filer en paix sa quenouille dans son village de France ? Le moine se souvint alors de saint Luc : « Si quelqu'un veut m'accompagner, qu'il renonce à lui-même. » Il eut honte : cette femme mourait de soif mais gagnait la vie éternelle ! Comment osait-il la juger !

Il se tourna, vit Gauthier, marchant à pied comme presque tous, son cheval portant son armure. Mais il regarda surtout l'outre de peau, en partie cachée sous les mailles de fer. Il sourit, bientôt viendrait le moment où il aurait sa part, un demi-gobelet d'eau, le paradis sur terre...

— Holà, moine ! Voulez-vous que je vous joue un air sur mon instrument ? Cela vous fera avancer plus vite. Eh, regardez donc vos souliers, ils bâillent sur le devant, on dirait qu'ils ont soif et faim comme nous...

— Comment peux-tu rire, jongleur ?

— C'est pour ne pas pleurer, comme on dit...

Gauthier se rapprocha de ses deux compagnons, avec son cheval et l'outre.

— À nous, fit-il.

La main du moine tremblait ; il savoura son demi-gobelet jusqu'à la dernière goutte avec un bonheur indicible, trop court hélas.

Puis, il sursauta : Gauthier s'était approché de l'âne gris sale et faisait boire sa part d'eau à la vieille femme, l'encourageant avec douceur. Ce n'était pas la première fois qu'il agissait de la sorte.

Le soir, à la halte, on apprit que les barons se réunissaient pour prendre des décisions nouvelles. Curieux, l'écuyer rejoignit les gens de Baudoin de Boulogne. Ces derniers avaient fini par apprendre qui il était, la raison de sa présence parmi eux. Ils l'acceptaient, mais gardaient leurs distances d'autant plus qu'Eudes de Paline faisait circuler les pires calomnies sur son compte. Par bonheur, Eudes n'appartenait pas à la suite de Baudoin.

Ce soir-là, les commentaires manquaient d'optimisme :

— Nous avons faim. La mer et Antioche sont loin encore.

— Les pauvres tombent sur le chemin comme des mouches.

— Ce ne sont point des soldats, par bonheur. Des chrétiens tout de même...

À la fin de la réunion, Baudoin se montra, la figure grave :

— La croisade continue, dit-il, en dépit des sacrifices qu'elle impose. Mais il n'est pas sage d'aller de l'avant sans penser à l'avenir. Il nous faut conquérir sur notre route quelques solides points d'appui. Tancrède, le neveu de Bohémond, et moi allons donc nous séparer du gros de l'armée et nous diriger vers la Cilicie. Les Arméniens occupent cette région proche, qui est prospère. Ils sont chrétiens et ne s'opposeront pas à notre installation dans quelques villes ou forteresses.

Des vivats saluèrent la décision.

Le même soir, tandis que Gauthier partageait avec le moine et le jongleur un restant de pain fait de son, un inconnu parut et lui fit signe de loin. Bien que surpris, il alla le rejoindre, prenant soin de tenir la main sur la garde de son épée.

L'homme était vêtu de guenilles de chanvre, un semblant de cuirasse rouillée lui couvrait la poitrine. Cheveux et barbe en broussaille laissaient paraître sur son visage juste deux yeux perçants. Il ne lança que quelques mots :

— Mon nom est Tafur, je commande les ribauds. Votre jongleur m'a dit qu'on vous voulait du mal, je veillerai de mon mieux désormais ; que le ciel vous protège.

Sur ce, il recula. Gauthier tendit le bras.

— Eh, attendez ! Que voulez-vous dire ?

L'homme ne répondit pas. Il leva seulement le bras, un sourire éclaira un instant son visage. L'écuyer voulut le retenir, mais à ce moment un garçon déboula devant lui et le fit trébucher avant de reprendre sa course.

Tafur avait profité de l'incident pour disparaître ; Gauthier comprit que l'intervention du garçon n'était pas le fait du hasard, que le chef des ribauds ne se déplaçait pas seul et sans défense.

Le moine Clément s'endormit comme une masse après son semblant de repas, sans avoir la force de veiller comme il avait essayé de le faire les autres nuits. Gauthier, quant à lui, resta longtemps éveillé. L'intervention de ce Tafur l'intriguait mais, surtout, il se sentait heureux du tour nouveau pris par l'expédition. Comme bien souvent, l'image de Margalia passa devant ses yeux ; elle lui sembla proche brusquement, sans qu'il ne sache pourquoi.

8

Deux jours près d'Antioche

Octobre 1097

Les semaines passèrent très vite, en longues chevauchées à travers des plaines maintenant fertiles, verts pâturages et jardins fleuris. La nourriture s'y trouvait en abondance. L'avenir prenait de riantes couleurs.

La troupe n'était composée que de soldats ; seules quelques femmes accompagnaient leurs époux, allongées dans leurs litières. Parmi elles, Golvère, une femme noble dont on ne savait pas grand-chose, sinon qu'elle était mariée à Baudoin de Boulogne. Leurs enfants en bas âge étaient restés avec le duc de Bouillon.

Les villages chrétiens traversés accueillaient la troupe comme des libérateurs, les paysannes à genoux embrassaient les vêtements des croisés, et la croix que brandissait le moine Clément. Les garnisons turques de deux places fortes fuirent, presque sans résister.

La situation s'était pourtant gâtée au début, devant la ville d'Adana : les hommes de Tancrède et ceux de Baudoin s'étaient heurtés, chacun des deux seigneurs voulant le butin de la place forte pour lui seul. Ils en étaient arrivés à un vrai combat, les armes à la main. Ç'avait été la première manifestation de rivalité entre les armées venues d'Occident.

— À la face de Dieu ! s'était lamenté le moine. Quelle honte ! Pèlerins contre pèlerins, et au cri de : « Saint-Sépulcre ! » par-dessus le marché !

Les heurts avaient pris fin, les deux barons s'étaient séparés...

Depuis, Baudoin continuait seul son expédition en Cilicie. Partout sur son passage, il rencontrait les chefs arméniens et tenait avec eux de longs conciliabules dont on ignorait la teneur. Il mûrissait son projet de conquête, mais les villes rencontrées jusqu'alors ne lui avaient pas convenu. À un moment donné cependant, il envoya des émissaires à son frère.

La troupe attendit la réponse, installée dans une palmeraie tranquille. Gauthier put rêver à son aise, à Margalia, à sa mère, à son pays...

Golvère mourut de maladie, il y eut beaucoup de prières pour le repos de son âme... Un jour, on vit arriver un groupe de cavaliers portant l'oriflamme du duc de Lorraine, Godefroi de Bouillon. Il apportait des missives.

— Peut-être aurons-nous des nouvelles d'Amaury ? espéra Clément.

Gauthier haussa les épaules, le transport des missives ne concernait que les gens d'importance.

Le jongleur n'avait pu accompagner ses amis, Baudoin ayant jugé sa présence inutile ; curieusement, le moine regrettait son absence.

Bientôt, la nouvelle se répandit : Godefroi et les autres barons étaient enfin arrivés après bien des souffrances aux portes d'Antioche, la capitale de la Syrie, le dernier obstacle sérieux avant Jérusalem.

— Nous allons les rejoindre, décida Baudoin. Mon frère est d'accord avec moi mais il me faut des renforts de croisés pour la réussite de mon entreprise.

Quelle était celle-ci ? Bien peu savaient avec exactitude les ambitions du grand seigneur sans terres et sans fortune, qu'on destinait à l'Église avant que le pape ne prêche la croisade, et qui se consolait sans peine de la perte de son épouse...

Baudoin de Boulogne et les siens partirent donc aussitôt en direction d'Antioche, en brûlant les étapes pour arriver plus vite. Ce qui ne fut du goût ni du moine Clément ni de sa mule...

La chevauchée se déroula sans mauvaises rencontres. Un soir, Antioche apparut à la troupe, impressionnante avec son immense enceinte renforcée par quatre cents hautes tours et sa citadelle massive sous le ciel noir...

La ville était assiégée, autant qu'elle pouvait l'être en raison des marécages impraticables sur l'un de ses côtés ; les croisés tenaient leurs camps devant chacune de ses portes, et les seigneurs de Godefroi avaient leurs tentes multicolores plantées sur le bord de la rivière Oronte.

C'est là que Gauthier vit surgir avec grand plaisir Amaury, amaigri, mais heureux de retrouver ses compagnons de voyage. Le jongleur expliqua que la nourriture manquait toujours, coûtait cher, lui-même n'arrivait à survivre qu'à grand peine, en distrayant les pèlerins par le récit des hauts faits et gestes des combattants.

— Ils aiment surtout, dit-il, que je raconte l'exploit de Godefroi, coupant un ennemi en deux d'un seul coup d'épée. Ils y voient un merveilleux présage...

La pluie tombait sans relâche, la grêle. Il faisait froid, les croisés grelottaient, plus ou moins abrités sous des toiles tendues ; le siège de la puissante capitale risquait de durer longtemps. Baudoin ne resta que deux jours auprès de son frère ; au troisième, sa troupe repartit, grossie par les renforts désirés, dont nombre de seigneurs. À nouveau, il fallut se séparer du jongleur.

— J'espère que nous allons cheminer moins vite, bougonna le moine.

— Où allons-nous ? demanda Gauthier.

— À Édesse, répondit Baudoin de Boulogne.

À ces mots, la surprise faillit renverser l'écuyer de son cheval. Sa tête bourdonnait de la réponse faite par la jeune fille rencontrée à Constantinople : « Je m'appelle Margalia, je suis la nièce de Thoros d'Édesse. »

*

Baudoin semblait un peu moins pressé maintenant, comme s'il avait entendu le souhait du moine. C'est Gauthier qui brûlait d'impatience, s'il n'avait tenu qu'à lui, la troupe serait déjà arrivée à destination, chaque halte le faisait frémir. À son impatience se mêlait une certaine appréhension, car Baudoin avait dit que Thoros était le chef de la principauté d'Édesse, îlot chrétien battu depuis longtemps par les vagues musulmanes. Comment Margalia, nièce d'un prince, allait-elle accueillir un pauvre écuyer sans grande fortune, condamné pour assassinat ?

Au bivouac du dernier soir précédant leur arrivée à Édesse, Baudoin rassembla ses compagnons autour de lui :

— Je vous dois une explication, annonça-t-il. Vous devez savoir que nos chevauchées à travers la Cilicie n'ont pas été inutiles ; je me suis fait nombre d'alliés parmi les Arméniens, et j'ai pu choisir en les écoutant l'endroit qui sera notre première place forte en terre d'Orient : Édesse. Thoros cherche de l'aide pour résister aux Turcs, mes alliés ont gagné ses proches à notre cause, lui-même nous accueillera avec faveur...

Quand la ville d'Édesse s'annonça, Gauthier faillit tourner bride et fuir, pris de panique à la pensée de sans doute retrouver Margalia. Il franchit en hésitant les lourds remparts à la suite de Baudoin, sans voir grand-chose, ni des maisons blanches décorées à leur intention, ni de la foule qui les acclamait.

Thoros attendait les croisés à la porte de sa bonne forteresse. Le vieux prince, quelconque d'aspect et qui semblait fatigué, était accompagné de son épouse et des dignitaires de la cour. Il y eut force accolades et paroles de bienvenue, puis tous allèrent s'installer dans une salle d'honneur du palais autour des tables dressées pour un banquet.

Gauthier ne s'occupa là encore, ni de sa coupe pleine, ni des compliments que lui adressaient ses voisins arméniens : il cherchait Margalia des yeux, il sentait sa présence...

Il l'aperçut soudain à une table proche et frissonna. Leurs regards se croisèrent. Le visage de la jeune fille trahit la surprise, puis elle sourit presque aussitôt.

Le cœur de l'écuyer battit la chamade, tous les anges du ciel chantèrent dans sa tête !

9

Margalia d'Édesse

Février 1098

S'il n'existe au monde quelqu'un de plus à plaindre qu'un innocent condamné à mort, existe-t-il quelqu'un à envier davantage que celui qui voit se réaliser son rêve le plus cher ?

Allongé sur de moelleux coussins, Gauthier de Terrehaute regardait Margalia, elle aussi étendue en face de lui, à la mode orientale, souriante, goûtant du bout des lèvres à une pâtisserie.

Au fond de la salle du palais princier aux murs couverts de riches tapis, des servantes attendaient les ordres, tête baissée en signe de respect, debout entre de hautes colonnes de pierre. De part en part, sur le sol carrelé de mosaïques aux vives couleurs, des jets d'eau dansaient dans des bassins.

— Vous aviez raison à Constantinople, dit Margalia, nous nous sommes bien retrouvés.

— J'ai tant pensé à cet instant, murmura Gauthier. Je vous remercie d'avoir accepté de me recevoir.

Elle rougit et changea de conversation :

— Mon oncle a besoin d'aide, les Turcs nous menacent. Il a appris que votre seigneur leur avait pris deux places fortes, et il voudrait que Baudoin reste ici pour nous défendre. Mon oncle est riche, il payera bien.

Gauthier demeura un instant sans répondre, pensant que Baudoin avait plus d'ambition que celle de devenir le simple mercenaire d'un vieux prince. Dommage...

— Mon bonheur serait de rester à Édesse, fit-il, et j'aimerais vous revoir souvent.

Les yeux de Margalia brillèrent. Elle ne lui dit pas de se taire, mais demanda au contraire :

— Qui êtes-vous, croisé, venu de si loin ? Aidez-moi à vous connaître.

Il obéit de bonne grâce, évoqua, non sans nostalgie, son pays, sa mère et sa vie au château familial.

Gauthier savait raconter, Margalia voyait devant ses yeux la comtesse de Terrehaute se chauffant aux flammes d'une vaste cheminée ou alors la meute des chiens chassant le loup sur la plaine neigeuse...

L'écuyer en arriva à la mort de Philippe, à sa condamnation, sa grâce obtenue au dernier moment :

— Ce drame a bouleversé ma vie, je n'arrive pas à l'oublier. Et puis on me menace toujours, vous savez. Deux fois on a voulu me tuer depuis mon départ de France. J'y vois la main de l'assassin de Philippe de Liancourt.

— Restez sur vos gardes, fit doucement la jeune fille. Moi je vous crois, un jour votre innocence sera reconnue.

Ces mots le comblèrent, il se sentit réconforté, heureux comme il ne l'avait plus été depuis longtemps.

— À votre tour de raconter...

— Que dire ? Mes parents sont morts, tués par les Turcs, je n'étais encore qu'une enfant. Thoros et sa femme m'ont recueillie, j'éprouve pour eux amour et reconnaissance... Je vis toujours à Édesse, mais parfois Thoros m'envoie à Constantinople. L'empereur Alexis est dur, pourtant nous devons garder le contact avec lui, même si à présent il ne peut pas grand-chose pour nous. Ici, les chrétiens sont toujours en danger, alors j'ai appris à me battre comme un homme, monter à cheval en armure, tirer l'épée, frapper du pieu ; je ne crains, malgré les apparences, ni un émir turc ni un seigneur de France...

L'écuyer écoutait la voix chantante de la jeune fille, semblable à une musique dont on ne se lasserait jamais.

Comme prévu par Gauthier, Baudoin de Boulogne refusa les propositions de Thoros. Il voulait davantage qu'une place de soldat, annonça-t-il, sinon il partirait.

Le vieux prince discuta, finit par céder, acceptant même de partager le pouvoir avec le nouveau venu, frère d'un illustre chef de la croisade et dont il savait la valeur au combat. « Celui-là saura protéger Édesse », pensa-t-il.

Gauthier assista à la cérémonie solennelle durant laquelle Thoros « adopta » le baron, « le faisant passer entre sa peau et sa chemise », selon l'expression utilisée, scellant l'adoption par un baiser paternel. Il y eut à nouveau de grandes réjouissances réunissant Arméniens et croisés.

Quelques jours plus tard, Baudoin fit venir l'écuyer. Drapé dans son manteau, le visage souriant en dépit de la gravité dont il ne se départait jamais, il se montra bienveillant :

— On m'a rapporté les bons rapports que tu entretiens avec la nièce du prince, dit-il. Cela me plaît, comme me plaît tout ce qui peut rapprocher mes gens des Arméniens d'Édesse. Sache donc que je suis disposé à t'aider si tu as besoin de quoi que ce soit pour être agréable à Margalia.

Gauthier s'inclina, reconnaissant, et en même temps quelque peu intrigué.

10

La mort de Thoros

Mars 1098

Chacun semblait content, les seigneurs de France et leurs suites s'installaient au palais, dans la ville et les environs. Il ne leur fallut pas longtemps pour s'abandonner aux délices de la vie des riches Arméniens, semblable à celle des riches musulmans. Ils adoptèrent les vastes demeures aux jardins embaumés, abandonnèrent leurs grossiers vêtements pour d'amples et légères robes, s'entourèrent de serviteurs agitant des palmes pour les rafraîchir ou leur servant dans des vaisselles d'or et d'argent des plats délicats, des boissons raffinées.

Margalia et Gauthier se rencontraient de plus en plus souvent, d'abord amis, puis davantage... Gauthier planait sur un nuage ; il aimait la jeune fille de toute son âme, et celle-ci répondait chaque jour un peu plus à cet amour. Devant elle, il ouvrait son cœur, lui parlait comme jamais il n'avait parlé à quelqu'un ; à présent il rejetait toute difficulté pouvant naître de leur différence de condition ; après tout, n'était-il pas un noble du pays de France ? Accusé de meurtre, sans doute, mais innocent ! Et pour Margalia il se sentait capable d'accomplir les plus grands exploits, de renverser tous les obstacles !

La jeune fille l'écoutait, charmée, heureuse, un peu étonnée aussi de découvrir son pouvoir de séduction sur ce jeune seigneur franc[1] de fière allure, beau parleur, moins rude que ses compagnons, prévenant même, dont les regards faisaient battre son cœur plus vite...

En dépit des apparences sereines, quelque chose se tramait dans l'ombre à Édesse. Baudoin rencontrait beaucoup de monde selon son habitude et Gauthier savait par Margalia que la principauté ne manquait ni de mécontents ni de gens hostiles à son oncle. La jeune Arménienne se montrait préoccupée ; ses proches l'informaient qu'au fil des jours une tension naissait chez les artisans, les bergers, les cultivateurs... Elle parla à Gauthier des gens que recevait Baudoin :

— Des amis évoquent une conspiration. Que cherche votre seigneur ?

1. Franc : nom donné aux croisés quelle que soit leur origine ; diminutif de Français.

— Que voulez-vous qu'il cherche ? répondit l'écuyer en toute bonne foi. Il semble content de son sort, et c'est un homme d'honneur.

— Je voudrais vous croire...

Ce jour-là, Gauthier offrit à la jeune fille une bague donnée par sa mère, qu'il conservait comme un trésor : l'anneau du voyageur surmonté d'un diamant, le bijou qui permet de voyager sans fatigue.

— Je n'en ai plus besoin à présent, dit-il, je me suis arrêté, mon but est atteint.

Elle accepta le cadeau, les larmes aux yeux, la bouche tremblante.

*

Un matin, cela se passait juste un mois après l'arrivée des croisés à Édesse, le château résonna de furieuses clameurs. Les habitants de la ville l'entouraient en foule, armés de bâtons et de piques, criant : « À mort, Thoros ! » accusant leur prince de les accabler d'impôts et d'être un incapable.

La garnison, formée pour une large part de soldats croisés, resta sans réaction, empêchant seulement les gens d'envahir la forteresse.

Aux cris de mort se mêlèrent bientôt des acclamations destinées à Baudoin.

Le vieux prince, effrayé, appela le seigneur franc à son secours :

— Comment calmer les émeutiers sans faire couler le sang ? lui demanda-t-il.

— Je vous suggère une distribution d'argent. Un remède efficace.

Le visage du vieux Thoros s'éclaircit, il trouvait l'idée bonne et se sentait soulagé :

— Puisez vous-même dans mes coffres, en voici les clefs, prenez ce que vous jugerez bon. En échange je demande seulement à quitter Édesse sain et sauf en compagnie de mon épouse. Je reviendrai plus tard, une fois les esprits calmés.

Après discussion avec les manifestants, Baudoin obtint leur accord, jura de le faire respecter, prenant à témoin les anges et les prophètes.

Gauthier ne put voir Margalia qu'un court instant ; elle lui parut angoissée à l'extrême. Il lui répéta les promesses du baron et l'assura une fois encore de son honneur.

— Je n'y crois pas, fit-elle, je pense au contraire qu'il a lui-même organisé l'émeute.

— Comment pouvez-vous dire cela !

Elle le regarda, secoua la tête, et se sauva sans vouloir l'écouter davantage.

Resté seul, Gauthier pensa aux efforts du seigneur pour s'implanter à Édesse, à ses rencontres, à son offre de l'aider à conquérir Margalia. Il se sentit troublé.

Le lendemain matin, les abords du château étaient déserts. Le vieux prince, calme en apparence, mais le visage pâle, en sortit à cheval, suivi de son épouse et d'une faible escorte dont Margalia faisait partie, revêtue d'une armure, ses longs cheveux au vent.

Thoros et les siens commençaient à traverser la ville, quand soudain la foule surgit de toute part, hurlante, la même que la veille.

En un instant l'escorte fut écartée, le prince renversé de sa monture et massacré avant même d'avoir touché terre. Margalia réussit à protéger sa tante. Toutes les deux ne purent que fuir vers la montagne avec les rescapés de la suite princière.

On traîna le cadavre de Thoros à travers les rues, attaché à une corde, sous les acclamations, et c'est ainsi que Baudoin resta le seul maître de la principauté. Bien que triomphant, il n'avoua jamais sa responsabilité dans les événements qui lui donnèrent le pouvoir.

Margalia avait disparu. Gauthier était tenaillé par l'inquiétude, son absence le bouleversait.

Il la chercha partout, fouillant et interrogeant ; les jours passèrent. Enfin, il finit par la retrouver alors qu'il commençait à désespérer :

Il se trouvait ce matin-là en un endroit isolé où ils avaient pris l'habitude de se rencontrer. Soudain il vit un cheval galoper dans sa direction, son cavalier en armure s'arrêta à courte distance en relevant la visière de son heaume. L'écuyer reconnut la jeune fille ; soulagé et heureux, il cria son nom.

— N'avancez pas ! répliqua Margalia d'une voix douloureuse. Mon oncle est mort, vous êtes complice de ce crime ! Nous avons des preuves de la trahison, des conspirateurs ont avoué.

Il voulut s'expliquer, se justifier. Il jura n'être pour rien dans ce drame. Margalia refusa de l'écouter, le traita à nouveau de traître et de félon. Une terrible colère la portait :

— Vous me parliez d'amitié et d'amour ! Et vous ne cherchiez qu'à me tromper ! Je ne vous croyais pas si fourbe ! Le sang de Thoros réclame vengeance ! Un seigneur franc ne me fait pas peur, défendez-vous !

Sans prendre le temps de rabaisser la visière de son casque, elle lança son cheval contre lui, l'épée au poing.

Il l'évita par réflexe, elle fit virevolter sa monture afin de l'attaquer à nouveau.

— Je ne me battrai pas avec vous, eut-il juste le temps de dire avant que la lame de la jeune fille ne le frappe de plein fouet.

Il tomba, Margalia s'enfuit au grand galop, les yeux voilés de larmes.

Le coup d'épée, amorti par l'armure de l'écuyer, aux mailles doubles finement tressées, fit peu de mal à Gauthier. Sous le choc, il n'en tomba pas moins de son cheval.

Lorsqu'il se releva, meurtri, la jeune fille avait disparu. Il repartit à sa recherche, brûlant de la revoir, de se justifier encore. Plus tard, il apprit des Arméniens son départ pour Antioche et alla trouver Baudoin de Boulogne. Ce dernier comprit sans peine l'écuyer.

— Va donc la rejoindre, dit-il, que Dieu soit avec toi, et tâche de revenir à temps pour mon mariage. Je vais épouser la fille d'un seigneur de la montagne, il est riche et règne sur de puissantes tribus. Cela renforcera encore ma position à Édesse...

Gauthier s'inclina. Baudoin eut alors une idée : l'écuyer lui plaisait, courageux et obéissant ; sa condamnation en France n'avait plus guère de signification en Terre sainte et il voulait se l'attacher davantage.

— Attends avant de partir, dit-il, je vais dicter une lettre pour mon frère. J'espère que tu seras heureux de la surprise que je te réserve...

11

Les ribauds en action

Mai 1098

Quelques hommes d'armes chevauchaient à travers la campagne en direction d'Antioche. Ils entouraient Margalia. La jeune fille voulait rencontrer Godefroi de Bouillon et demander justice pour la mort de son oncle.

Emplie de tristesse, elle pensait à Thoros, mais aussi à Gauthier. Elle revoyait l'écuyer refusant de se défendre, frappé par son coup d'épée... Elle avait beau se répéter qu'il était coupable, elle ne pouvait que pleurer à ce terrible souvenir. Qu'importe ! Quand elle aurait l'occasion de frapper à nouveau, elle le ferait ! Les francs n'étaient que des traîtres !

Les cavaliers se pressaient, sans savoir qu'on les observait de loin, à partir d'un renflement de terrain boisé d'où l'on pouvait voir les environs sans être vu soi-même. Il se trouvait là un groupe de croisés à cheval, accompagné de piétons vêtus de loques, des ribauds, menés par leur chef Tafur.

— Ce ne sont point des Turcs, observa l'un des croisés.

— Bien vu, seigneur, ricana Tafur. Mais s'il vous faut des Turcs, vous allez être servi.

Il parlait ainsi car une troupe nombreuse venait d'apparaître à courte distance, comme surgie de terre, reconnaissable aux turbans des soldats et à leurs boucliers ronds bosselés. La troupe se déployait au grand galop, cherchant à envelopper le groupe des cavaliers en marche.

— Très bien, dit le croisé avec empressement, nous savons ce que nous voulions savoir : les avant-gardes turques se montrent, la nouvelle armée musulmane ne doit plus être loin... Nous pouvons repartir pour rendre compte aux barons.

— Holà ! l'interrompit Tafur. Les ennemis de nos ennemis sont nos amis. Venons en aide à ces pauvres gens qu'on attaque !

— Tu rêves, ribaud ! Regarde combien sont les Turcs. Et c'est déjà trop tard.

Tafur fit la grimace. Margalia et les siens cherchaient à fuir, mais en vain, les Turcs les rattrapaient. Submergés par leur nombre, les gens d'Édesse étaient maîtrisés sans même combattre.

— Que voulais-tu faire ? reprit le croisé. Allez, partons avant qu'ils ne nous aperçoivent.

— Attendons, dit fermement Tafur, on dirait que ces chiens font une halte.

En effet. Après avoir capturé Margalia et ses compagnons, les Turcs mettaient pied à terre, rassemblant leurs montures. Certains commençaient à installer des tentes de toile, d'autres ramassaient du bois, des herbes...

— La nuit ne tardera pas, murmura le chef des ribauds, et la nuit, tout devient facile.

Les cavaliers réagirent, le traitant de fou. Tafur s'en moquait, les ribauds n'obéissaient qu'à ses ordres, les autres n'avaient qu'à partir si la peur leur donnait mal au ventre...

Pendant ce temps, des Turcs interrogeaient leurs prisonniers. Ils n'en tirèrent pas grand-chose, si bien qu'ils décidèrent de les envoyer, le lendemain, à l'émir de Mossoul, commandant de la forte armée venue de Perse et d'Irak au secours des Turcs de Syrie et de Palestine.

En attendant, la jeune fille fut enfermée sous bonne garde dans une tente, abattue par ce nouveau coup du sort qui rendait ses malheurs plus désespérants encore.

La nuit vint, complice des ribauds. Ils abandonnèrent leur abri pour se diriger vers le campement des Turcs. Ils avançaient en rampant, tels de dangereux serpents, le couteau entre les dents. Chacun savait ce qu'il avait à faire, bien exactement...

Margalia dormait à moitié, sans cesse réveillée par de sombres pensées. Soudain, un bruit la fit se dresser sur sa couche, une pâle lumière s'infiltrait de l'extérieur au travers d'une longue déchirure faite par un poignard dans la toile de la tente, tandis qu'une ombre surgissait, assez effrayante, lui ordonnant à voix basse de se taire.

— Ami, ajouta la voix. Venez...

D'instinct, elle obéit. Dehors, ses compagnons l'attendaient, libérés comme elle par les ribauds, aussi efficaces que silencieux.

Le groupe se faufila hors du campement. Au passage, Margalia aperçut des sentinelles étendues sans vie sur le sol.

— Vite, l'encouragea Tafur, c'est miracle si personne n'a encore été alerté...

Ribauds et prisonniers rejoignirent les croisés. Le cavalier qui était à la tête de ces derniers ne put réprimer un soupir de soulagement en les voyant paraître. Il ne jeta même pas un coup d'œil sur les nouveaux venus et s'empressa d'ordonner le départ, heureux de ne pas avoir à se battre.

Cette fois, aucune objection ne s'éleva, les prisonniers libérés trouvèrent une place sur le dos des montures et tous partirent rapidement, à pied ou à cheval, les ribauds courant presque aussi vite que les bêtes.

C'est seulement plus tard, lors de la première halte, que les croisés s'inquiètèrent de savoir qui étaient les gens d'Édesse. Margalia se fit connaître, annonçant qu'elle voulait rencontrer le duc Godefroi de Bouillon. Les croisés répondirent qu'ils étaient de sa suite, qu'ils allaient le rejoindre. Leur chef se présenta :

— Je m'appelle Eudes de Paline.

Margalia ne réagit pas, Gauthier n'avait jamais prononcé le nom de l'homme devant elle.

12

Gauthier, chevalier

Début juin 1098

— Madame, fit le duc Godefroi en redressant sa haute taille, la triste fin de votre oncle me touche, je ferai dire des messes pour le repos de son âme... Il avait beaucoup d'ennemis, d'après mon frère que vous accusez de sa mort.

— J'ai des preuves !

— Les preuves dont vous disposez ne sont que de simples affirmations, venant de gens fâchés de voir Baudoin de Boulogne maître du comté d'Édesse, la première possession chrétienne en terre d'Orient.

— Seigneur, interrompit à nouveau Margalia, Thoros était un chrétien, lui aussi.

— Un chrétien orthodoxe, madame, comme l'empereur Alexis ; mais n'abordons point, s'il vous plaît, ces querelles de religion. Quoi qu'il en soit, comprenez que je ne puisse accepter vos plaintes, la douleur vous égare... Allons, il me reste à vous assurer de ma protection et de mon aide en cas de besoin...

Margalia comprit qu'elle n'obtiendrait rien du baron, qu'elle devrait venger Thoros elle-même. Elle maîtrisa sa colère et jeta un regard de dédain sur les seigneurs groupés autour de leur suzerain. Ils demeurèrent de marbre, seul Eudes de Paline esquissa à son adresse un semblant de sourire.

— Pardonnez-moi, reprit Godefroi de Bouillon, un écuyer m'attend que je dois armer chevalier. Il vient justement d'Édesse, voulez-vous assister à la cérémonie ?

La jeune fille fit un geste d'acquiescement machinal et suivit les croisés qui quittaient la vaste tente. Eudes se plaça près d'elle.

— Je suis avec vous, madame, vous le savez.

Elle lui sourit, ces mots de réconfort lui faisaient du bien.

En entrant dans la tente voisine, Margalia faillit tomber à la renverse : Gauthier lui faisait face sur un semblant d'estrade, bien vivant, vêtu de sa cotte de mailles, tête nue. Il avait passé la nuit à genoux, en prière, et le moine Clément venait de dire la messe à son intention... Près de lui, un valet portait son épée et ses éperons.

En priant cette nuit-là, une nuit si importante dans la vie d'un noble, Gauthier n'avait cessé de penser à la nièce de Thoros. À ce moment, il ne la vit pas, le regard fixé sur Godefroi de Bouillon, devant qui il s'agenouilla. Il se fit un grand silence dans l'assistance.

— Gauthier de Terrehaute, dit le duc, mon frère, ton seigneur, me demande de t'armer chevalier, je le fais avec joie, sans cérémonie particulière puisque nous sommes en guerre... En te permettant d'aller en Palestine, sa sainteté le pape t'a absous de tes péchés anciens. Depuis, tu t'es conduit en brave et loyal homme d'armes...

Godefroi continua sur ce ton, demandant à l'écuyer de toujours servir son seigneur, de craindre Dieu, de protéger la veuve et l'orphelin. Et Gauthier répéta les paroles du duc.

À la fin, celui-ci sortit son épée du fourreau et lui donna la « colée[1] » d'un coup léger sur l'épaule du plat de l'arme. Gauthier se releva avec fierté, il était chevalier ; tous les croisés présents poussèrent une acclamation en son honneur... Lui eut une pensée pour sa mère...

Margalia avait eu le temps de se remettre, de calmer les battements désordonnés de son cœur,

1. La « colée » sera appelée l'accolade à partir du XVIe siècle et s'accompagnera d'un semblant d'embrassade.

partagée entre des sentiments contraires, la joie de voir Gauthier vivant et son désir de vengeance.

Eudes de Paline se pencha vers elle :

— Qu'avez-vous, madame ? demanda-t-il.

— Je déteste cet homme, il m'a trompée...

La haine fit flamboyer les yeux d'Eudes.

— Je le connais, dit-il, et je vais le tuer.

Suffoquée, elle ne put répliquer sur-le-champ.

Ils sortirent ensemble de la tente, sans que personne ne prête attention à leur départ.

— C'est à moi de me venger, dit Margalia à son compagnon. Moi et nul autre.

Après la cérémonie, Gauthier échangea quelques mots avec le duc. Un profond désappointement se lisait sur son visage tandis qu'il rejoignait le moine, ainsi qu'Amaury, encore plus maigre que lors de leur première rencontre. Le jongleur raconta que le siège d'Antioche se prolongeait, les vivres se faisaient toujours plus rares, car les Turcs s'étaient emparés du port voisin de Saint-Siméon, où les bateaux de l'empereur Alexis ne pouvaient plus jeter l'ancre. La région étant complètement dévastée, certains des croisés se trouvaient réduits à manger de l'herbe.

— Et le Créateur ne m'a fait ni vache ni chèvre, ajouta Amaury en soupirant.

— Dieu le veut ! jeta le moine.

Amaury fit la sourde oreille et reprit :

— Les barons ne s'entendent pas : Bohémond le Normand veut Antioche pour lui seul, il menace de quitter la croisade sans cela, ce qui serait une catastrophe.

— Il faut que je retrouve Margalia, murmura Gauthier.

Le moine se signa, ce qui ne l'empêcha pas de répondre :

— Elle devait rencontrer le duc, d'après ce qu'on t'a dit à Édesse.

— J'ai parlé au duc tout à l'heure. Il a bien rencontré Margalia, mais elle a disparu juste après. Je l'ai manquée de peu...

*

Oui, Bohémond le Normand voulait Antioche, de la même façon que Baudoin de Boulogne avait voulu Édesse, et s'y était taillé un petit royaume. Comme il fallait s'y attendre, nul ne pensait plus aux promesses faites à l'empereur lors du passage à Constantinople. Plus question de fiefs, chacun œuvrait pour soi, d'ailleurs Bohémond faisait tout pour fâcher Alexis. Les quelques troupes de l'empereur accompagnant les croisés avaient déjà battu en retraite.

Le siège d'Antioche s'éternisait, il durait depuis plus de sept mois et on savait maintenant imminente l'arrivée d'une immense armée des Turcs de Perse et d'Irak.

Par bonheur, le rude Bohémond eut un coup de chance : un homme vint le trouver, un Arménien du nom de Firuz, ayant réussi à sortir de la ville et voulant se venger du gouverneur, qui lui avait confisqué sa réserve de grains et pris sa femme par-dessus le marché...

Firuz organisa la chute d'Antioche. Après s'être mis d'accord avec Bohémond, il retourna chez lui en passant par les marécages, impraticables pour une troupe, mais non pour un homme seul. La nuit venue, il fit descendre des cordes du haut de l'une des quatre cents tours de l'enceinte, la tour dite des Deux Sœurs.

Les croisés attendaient au pied. Les plus agiles escaladèrent vivement les murailles dans le plus grand silence ; les Turcs de garde furent mis hors de combat, puis ceux qui occupaient les tours voisines...

Des portes s'ouvrirent, les Normands de Bohémond se ruèrent à l'assaut avec fougue, criant toujours « Dieu ! » et « Jérusalem ! » En même temps les croisés attaquaient d'autres portes, profitant de la panique des défenseurs... Bientôt la ville fut prise.

Il y eut des tueries et des pillages, mais les bannières de Bohémond flottèrent sur les murailles... Firuz, l'Arménien, fut vengé, car le gouverneur trouva la mort en s'enfuyant, abattu par des paysans des environs.

— Que Dieu soit remercié, criait le moine Clément, la route de Jérusalem est ouverte !

13

Traîtrise

Juin 1098

Gauthier continuait ses recherches avec fièvre, n'ayant toujours qu'une idée en tête : retrouver Margalia.

Où se trouvait la jeune fille ? Le nouveau chevalier avait fouillé en vain le camp des croisés, maintenant il visitait Antioche. « Pourvu qu'elle ne soit point repartie pour Édesse », songeait-il, car les Turcs de Perse et d'Irak parcouraient la région en tous sens. Gauthier apprit qu'ils avaient même essayé le mois précédent de s'emparer de la ville conquise par Baudoin de Boulogne.

Les croisés ne purent se réjouir longtemps de leur victoire, ni trop en remercier le Seigneur : dès le lendemain de leur entrée dans Antioche, les détachements installés dans quelques places des environs battaient en retraite, annonçant la venue des ennemis en nombre considérable.

Trois jours plus tard, les barons faisaient fermer en hâte les portes de la ville, encerclée par l'armée turque. À leur tour les croisés se trouvaient assiégés !

Amaury le Vif plaisanta amèrement :

— Tel est pris qui croyait prendre.

Ce fut une tragique surprise, pis, une véritable catastrophe, les magasins de la cité se trouvaient presque vides, la nourriture manqua aussitôt, la disette s'installa.

— Seigneur, gémit le moine à son tour, est-ce pitance chrétienne que des feuilles d'arbres bouillies, ou le cuir des vêtements découpé en lanières ?

— Dieu le veut, répliqua le jongleur avec une grimace. Ce n'est pas ce que vous disiez ?

Nourriture chrétienne ou pas, il fallait s'en contenter. Les maladies s'abattirent, tant sur les habitants d'Antioche que sur les croisés ; la mort frappa les plus pauvres, comme toujours, mais beaucoup mouraient heureux, sur le chemin de Jérusalem, pour la plus grande gloire de Dieu...

Nombreux cependant furent ceux qui tentèrent de fuir en passant par les marécages, y compris des seigneurs, tandis que des Turcs venaient près des murailles d'enceinte, festoyer sous les yeux des assiégés... Gauthier reprit son habitude de partager le peu qu'il possédait avec ceux qui n'avaient rien.

Pendant ce temps, les barons se disputaient, surtout avec Bohémond qui cherchait à leur imposer sa volonté ; à dire vrai, lui seul, ou presque, tentait de ranimer l'énergie défaillante des croisés affaiblis.

C'est ainsi qu'une nuit Gauthier fut réveillé en sursaut, l'incendie ravageait tout un quartier de la ville occupée par les soldats.

Il s'habilla en hâte, sortit dans la rue où se retrouvaient les hommes encore ensommeillés, tout comme lui. Des voix rudes grondaient des ordres :

— Aux créneaux, vous tous, il suffirait d'une attaque et nous serions perdus !

En fait, Bohémond lui-même avait mis le feu à un groupe de maisons pour rameuter les assiégés et les envoyer veiller sur les murailles désertées pour cause de découragement.

Les croisés couraient dans tous les sens, guidés par les proches du Normand. Certains protestaient, appartenant à la troupe de Godefroi de Bouillon ou à celle du comte de Toulouse et ne voulant obéir qu'à leur chef.

— Seigneur ! appela une voix.

Gauthier se tourna, aperçut celui qui l'interpellait, un inconnu, le vêtement recouvert d'une cotte de maille grossière.

— Seigneur, j'ai appris que vous cherchiez une dame d'Édesse ; il se trouve que je connais l'endroit où elle s'est réfugiée. Y aura-t-il une récompense si je vous y mène ?

Gauthier s'empourpra. Il regarda un instant le visage épais de son interlocuteur, ses yeux avides. Pouvait-il avoir confiance en lui ? Qu'importe ! Impossible de faire autrement. Il tira de sa bourse une pièce d'or, un besant reçu en cadeau à Constantinople.

— Elle est pour toi si tu dis la vérité.

— Venez.

Gauthier suivit l'homme qui marchait rapidement, s'enfonçant dans des ruelles désertes. La nuit était claire, ils arrivèrent bientôt devant une bâtisse au portail fermé.

— C'est là, dit l'homme. J'espère que nous pourrons entrer.

La porte s'ouvrit sous la poussée de l'inconnu. Gauthier eut une nouvelle hésitation mais pénétra tout de même dans un jardin, orné de buissons et d'arbustes.

— La dame habite au fond. Vous me payez, seigneur ?

Gauthier lui lança sa pièce. Au même instant, le jardin se peupla d'ombres dangereuses, une dizaine de silhouettes surgirent, l'épée à la main. Gauthier fit un bond en arrière, tira son arme.

— Défends-toi ! cria une voix. Tu vas mourir !

La voix d'Eudes de Paline !

— Lâche ! répliqua Gauthier.

Ses adversaires se ruèrent sur lui, leurs lourdes épées brandies. Gauthier bondit en avant, frappant un adversaire, en bousculant un autre, et réussit à prendre un peu de champ.

— Tuez-le ! hurla Eudes.

Les hommes d'armes s'élancèrent à nouveau. L'épée de Gauthier tournoya, les faisant reculer, mais le chevalier savait qu'il ne pourrait leur résister davantage, ils étaient trop nombreux. L'image de Margalia passa devant ses yeux.

— Tuez-le ! répéta Eudes de Paline qui restait prudemment à l'écart.

C'est alors qu'un miracle se produisit, l'arrivée soudaine d'une horde hurlante de ribauds, la hache ou la masse au poing.

La situation bascula en un instant, des hommes d'armes tombèrent, les autres s'enfuirent.

Émerveillé, Gauthier aperçut Tafur. Il leva les bras, voulut le remercier ; le chef des ribauds ne le laissa pas faire :

— Arrêtez, dit-il d'une voix forte. C'est moi qui vous dois de la reconnaissance.

— Vous ? Pourquoi ?

— Qu'importe ! Je vous le dirai un jour. En attendant, prenez garde, je ne peux être sans cesse derrière vous.

À ce moment deux ribauds accoururent, l'un avait le bras couvert de sang.

— Eudes de Paline nous a échappé ! cria-t-il. Les siens l'attendaient dehors.

— Je le retrouverai, dit Gauthier, comme je retrouverai Margalia.

14

Retour à Édesse

Si Gauthier ou les ribauds avaient cherché, ils auraient découvert Margalia sans peine. La jeune fille se trouvait cachée derrière une fenêtre de la maison attenante au champ de bataille. Elle avait voulu à nouveau punir Gauthier et accepté le piège proposé par Eudes. Mais les choses ne s'étaient pas passées comme prévu. Au lieu de capturer Gauthier afin de le placer face à elle pour un combat loyal, Eudes de Paline avait lancé ses tueurs contre lui.

Margalia était restée un instant comme paralysée, horrifiée, sans voix, quand surgirent les hommes d'armes. Le temps de réagir, de se précipiter, déjà le bref combat se terminait, Eudes prenait la fuite, et bientôt Gauthier repartait avec Tafur et les siens. Elle ne s'était pas montrée en voyant le chevalier hors de danger.

— Dieu l'a voulu, murmura-t-elle.

Sa main se porta machinalement sur la bague du chevalier qu'elle portait à son cou, accrochée à une chaîne d'or ; un soupir gonfla sa poitrine : elle aimait Gauthier, les événements tragiques d'Édesse n'y avaient rien changé, mais elle devait l'oublier maintenant, oui, Dieu le voulait ainsi.

Margalia secoua la tête, décida aussi de ne plus revoir Eudes, de se réfugier chez des amis arméniens d'Antioche. Dès que possible elle rentrerait chez elle pour y venger Thoros en chassant l'usurpateur Baudoin, c'était là son devoir, sa mission.

Eudes ne réapparut pas dans l'entourage de Godefroi de Bouillon, nul ne savait ce qu'il était devenu, disparu en compagnie de trois de ses proches. « C'est un lâche », répétait Gauthier. Tafur promit de le rechercher : ses ribauds formaient une troupe redoutable au combat mais possédaient aussi nombre d'informateurs au courant de bien des choses...

Cependant la famine et les maladies continuaient leurs ravages, la robe du moine Clément pendait sur son corps devenu flasque, et c'est tout juste si Amaury le Vif parvenait à lever l'archet de son instrument de musique, que d'ailleurs personne n'écoutait plus. Pour expliquer le malheur, les gens d'Église évoquaient la colère de Dieu devant la rivalité des barons, l'avidité des seigneurs, le manque de piété des pèlerins. En revanche, compte tenu de la cruauté du temps, personne ne songeait à citer comme raison du courroux divin le fait qu'un jour, par exemple, Bohémond le Normand avait fait rôtir à la broche des prisonniers ennemis afin d'effrayer les espions, ou bien que l'on ait envoyé par-dessus les murailles des têtes coupées de musulmans au lieu de pierres.

C'est alors qu'eut lieu le miracle, vrai ou faux, qu'importe :

Le 8 juin, l'armée croisée s'anima, une incroyable nouvelle se répandit : un prêtre de Marseille, Pierre Barthélemy, venait de découvrir sous une dalle d'église une sainte relique, la lance qui avait jadis percé le flanc du Christ ! Une grande flamme courut dans le ciel et tomba dans le camp des Turcs, d'après ce que rapportèrent certains.

Ce signe divin ranima le courage des hommes, réconcilia un instant les barons. Après prières et sermons on décida d'une contre-attaque.

Les chevaux de guerre furent remis sur pied grâce aux derniers restes de fourrage disponibles, et, un matin, les croisés sortirent d'Antioche, par petits groupes, pleins de confiance.

L'émir de Mossoul, commandant de l'armée turque, commit la grande faute de ne pas les attaquer dès leur apparition. Les croisés eurent le temps de regrouper leurs forces dans la plaine devant les troupes de l'ennemi, enfin alignées devant eux.

Il fallait vaincre ou mourir ! La lourde masse des cavaliers s'ébranla, se lança en avant, heurta les Turcs, de face et de revers, enfonça leurs rangs !

Ce fut la débandade des ennemis, leur fuite ; Les croisés les poursuivirent, en massacrant un grand nombre. Gauthier participa au combat comme les autres...

Les croisés s'acharnèrent, si bien et si longtemps que chez les Turcs, les survivants battirent en retraite, et reprirent sans s'arrêter le chemin de la Perse et de l'Irak, abandonnant leurs campements emplis de nourriture et de richesses. La croisade était sauvée !

*

Août 1098

Quelques semaines plus tard, Godefroi de Bouillon alla voir son frère à Édesse, en compagnie de plusieurs seigneurs. Il donna l'ordre à Gauthier de l'accompagner. Cette fois, outre le moine Clément, le chevalier put amener Amaury le Vif avec lui :

— Désormais, lui dit-il en riant, tu fais partie de ma suite ordinaire.

S'il riait, c'était pour se moquer de lui-même, nouveau seigneur, certes, mais pas assez fortuné pour se payer un simple valet. Mais il ne rit pas longtemps, vite repris par ses tristes pensées.

Tout en cheminant, le jongleur et le moine discutaient :

— Vous y croyez, vous, demanda Amaury, à cette découverte de la sainte lance ?

Clément se signa sans répondre.

— C'est drôle, continua le jongleur, j'étais dans la rue ce matin-là. Et je n'ai vu aucun trait de feu passer dans le ciel.

— Blasphème ! répliqua le moine indigné. Je ne veux plus t'écouter.

Sur ce, il fit activer sa mule à coups de talon, une mule aussi résistante que l'était celle qu'il possédait au départ du pays de France, deux ans auparavant...

Baudoin de Boulogne accueillit Godefroi de Bouillon avec joie et respect. Il fut aussi heureux de retrouver Gauthier, qui le remercia de l'avoir fait armer chevalier par son frère.

— J'aurais pu le faire moi-même, dit Baudoin, j'ai préféré que ce soit Godefroi, pour te montrer toute l'estime que je te porte... Je vais avoir besoin de toi, tu sais, mes ennemis s'agitent dans le comté, des espions m'ont prévenu, ils veulent ma mort...

Baudoin de Boulogne n'avait pas entendu parler de la présence de Margalia en ville. Les serviteurs et les amis de la jeune fille que Gauthier connaissait dirent la même chose. Le chevalier ne savait plus que faire...

Le maître d'Édesse ne se trompait pas en parlant de ses ennemis. On s'en aperçut lors d'une partie de chasse organisée en l'honneur du duc de Bouillon.

L'affaire se déroula en un endroit tourmenté, rocheux, couvert d'arbres disséminés. Gauthier, chevauchant près de Baudoin, vit tout à coup se dresser un archer devant eux. Il n'eut que le temps de se jeter sur son voisin et de le faire tomber de sa selle d'un brusque mouvement. La flèche siffla au-dessus de leurs têtes...

Baudoin se releva, serra son compagnon dans ses bras, tandis que les assaillants s'enfuyaient.

Cependant, malgré les difficultés, le nouveau maître d'Édesse s'implantait dans le comté, servi par de nombreux seigneurs placés aux endroits stratégiques, se faisant des alliés aux alentours, recrutant des soldats... et prélevant de lourds impôts.

Lorsque Godefroi de Bouillon quitta la ville, il emporta ainsi beaucoup d'or pour payer ses troupes et les nourrir...

À Antioche, les croisés reprenaient des forces après leur victoire. Là aussi, les barons s'installaient, occupaient la région, y compris le port voisin de Saint-Siméon. Ils se disputaient âprement villes et villages, soumettaient les chefs locaux... Bohémond le Normand, en particulier, menait campagne pour être reconnu par tous, de gré ou de force, comme prince d'Antioche. Les petites gens de la croisade commençaient à murmurer. Ils trouvaient le temps long et voulaient se remettre en route. « Jérusalem ne peut attendre », disaient-ils.

15

LA RÉVOLTE

Décembre 1098

Des semaines passèrent, nombreuses, Gauthier était désespéré, toujours sans nouvelles de celle qu'il aimait. Il ne pouvait accepter l'absence de Margalia, la fin de ce bonheur qu'il avait cru éternel. Il souffrait sans arrêt, ne pensait à rien d'autre...

Les espions ne s'étaient pas trompés, les amis de l'ancien prince complotaient dans l'ombre et s'agitaient. L'émeute éclata brusquement comme elle avait éclaté jadis contre Thoros : un matin, les rues d'Édesse s'emplirent d'une foule hurlante, réclamant le départ des croisés, la mort de Baudoin !

Ce dernier réagit aussitôt, fit sortir ses troupes de la forteresse que Gauthier fut chargé de défendre contre toute éventuelle attaque.

— Je n'en aurai pas pour longtemps, assura le frère de Godefroi de Bouillon en montant en selle.

Le chevalier s'installa en haut des murailles pour guetter. Il écouta longtemps les rumeurs montant de la ville envahie par les croisés ; cette nouvelle révolte le troublait autant que la première avait pu le faire ; le moine Clément priait à genoux, Amaury ne disait rien, le visage sombre.

Lorsque Baudoin de Boulogne revint au château avec nombre de prisonniers, il était radieux d'avoir réussi à écraser les insurgés sans grandes pertes. Seuls quelques groupes isolés résistaient encore dans les environs.

— À ton tour, dit-il à Gauthier, achève la besogne.

Gauthier sortit de la forteresse à la tête d'un fort détachement armé. Il s'agissait surtout de s'emparer d'une grosse tour au pied de la montagne, dans laquelle s'étaient réfugiés des émeutiers, encerclés par des soldats trop peu nombreux pour donner l'assaut.

Gauthier arriva sur place, disposa ses hommes. Les émeutiers tiraient des flèches par les meurtrières dès que quelqu'un approchait.

— Seigneur, dit un lieutenant, la faim aura raison d'eux. Il suffit d'attendre.

Gauthier partageait cet avis, mais Baudoin, prévenu, ordonna d'attaquer aussitôt ; il voulait effacer au plus vite la moindre trace de la révolte ; déjà des charpentiers dressaient des gibets sur la place principale de la ville...

Des balises[1] lancèrent leurs blocs de pierre, mais les murs épais de la tour résistaient aux chocs, les pierres rebondissaient dessus. Gauthier envoya donc des groupes armés de barres de fer, protégés par des boucliers, s'attaquer à un mur près de la porte. Il s'agissait de creuser en dessous pour provoquer un éboulement. Pendant que les soldats creusaient, des archers tiraient sans relâche sur les meurtrières, essayant d'empêcher les assiégés de réagir.

Le travail de sape finit par porter ses fruits : les grosses pierres du mur tenaient entre elles surtout grâce à leur poids, les joints étaient friables. Un pan s'effondra, ouvrant un passage que les soldats élargirent.

Gauthier n'attendait que cet instant, ses hommes s'élancèrent.

Il y eut une bataille acharnée à l'intérieur de la tour à grands coups d'épée, de hache et d'épieu. Les émeutiers ne résistèrent pas longtemps à des adversaires largement supérieurs en nombre... Gauthier vit tout à coup un groupe de soldats désarmer un combattant déchaîné, qui lui lança un terrible regard : Margalia ! Gauthier tressaillit, devint livide.

1. Balises : machines servant à lancer des projectiles.

On ramassa les morts et les blessés, la troupe repartit vers la forteresse avec ses prisonniers. Éperdu, Gauthier ne savait ni que dire, ni que faire. Il essaya de parler à la jeune fille, elle tourna la tête sans lui répondre, les lèvres serrées, les yeux emplis de larmes de douleur et de rage...

Parvenu au château, Gauthier donna l'ordre de veiller sur Margalia. Qu'on ne touche pas à un seul cheveu de sa tête avant qu'il ne revienne ! Il se précipita, agité à l'extrême, demandant à rencontrer Baudoin de Boulogne au plus tôt.

Celui-ci se trouvait dans ses appartements privés ; il fit dire qu'on l'attende un moment. Gauthier se rendit dans la salle où Baudoin recevait d'habitude, sans savoir que les prisonniers de la tour se trouvaient sous bonne garde dans la salle voisine. Il était trop troublé pour remarquer ces détails.

Baudoin arriva, radieux, les bras ouverts :

— Bravo, ami, tu as fait bonne besogne.

— Seigneur, l'interrompit Gauthier, j'ai une faveur à vous demander.

— Parle...

— Nous avons une prisonnière, Margalia, la nièce de Thoros. Elle a voulu venger son oncle et s'est battue contre nous. Je vous supplie de lui accorder la vie sauve en échange de la mienne !

Baudoin, surpris, ne répondit pas, son visage se durcit.

— Seigneur, reprit Gauthier, Margalia vous croit coupable de la mort de Thoros, et moi, votre complice, bien que je n'aie jamais rien su d'aucun complot organisé contre lui. Nous aurions agi comme elle à sa place ! Nous pouvons la comprendre !

— Attends ! l'interrompit Baudoin de Boulogne. Toi aussi, il te faut comprendre : n'oublie pas que nous sommes partis délivrer le Saint-Sépulcre, qu'il ne s'agit pas là d'une promenade, que beaucoup des nôtres sont morts... La conquête d'Édesse fait partie de la croisade. Tu as vu combien d'or j'ai pu donner à mon frère pour continuer notre marche vers Jérusalem. Et tant mieux si j'ai trouvé une place au soleil par la même occasion !

— Pardonnez-moi, seigneur, place au soleil, soit, mais pas à n'importe quel prix.

— La fin justifie les moyens, Gauthier, on le dit.

— Je ne suis pas d'accord, seigneur.

— Je sais, voilà pourquoi je ne te parle jamais de mes projets... Pour le reste, tu m'offres ta vie contre celle de Margalia, qu'en ferais-je ? Tu as sauvé la mienne il n'y a pas si longtemps, je ne l'ai pas oublié. Allons, je pardonne à la nièce de Thoros, mais quittez Édesse tous les deux, pour n'y jamais revenir. Tu serviras mon frère. Et demande donc à ton gros moine... Clément, je crois... de vous marier d'abord.

Un grand poids tomba de sa poitrine, Gauthier ne put que balbutier :

— Merci, seigneur, du fond du cœur.

Dans la salle voisine, dont la porte était ouverte, la jeune fille avait tout entendu. Son visage resplendit, la joie l'inonda : son ami était innocent des crimes dont elle l'accusait...

Elle allait être libre ! Elle allait partir avec lui ! Sa tête se courba soudain, sa joie s'évanouit : la révolte avait été écrasée, et Thoros n'était toujours pas vengé... Et puis, elle ne pouvait quitter ses compatriotes faits prisonniers, elle devait partager leur sort.

16

Margalia et Gauthier

Janvier 1099

Comme on le sait, à partir d'Antioche, chaque baron cherchait à s'emparer des villes arabes voisines et se les disputait. Si bien que la foule des pèlerins, d'abord impatiente, finit par se révolter vraiment : elle était venue d'Europe pour délivrer le tombeau du Christ, pour permettre aux chrétiens d'y prier librement et non pour conquérir des fiefs aux chefs de la croisade ! Elle protestait de plus en plus fort, exigeant que les croisés reprennent sans attendre le chemin de Jérusalem.

Comme chaque baron voulait la ville proche de Maarat, les petites gens entreprirent d'en démolir les murailles afin qu'elle n'appartienne à personne... Raymond de Toulouse, un des chefs chrétiens, sortit alors de Maarat, pieds nus, en chemise, déclarant au nom des barons que la croisade reprenait.

Durant ces temps de querelles, les ribauds s'étaient, eux aussi, dispersés dans la région, cherchant à assurer leur subsistance et à réaliser quelques profits par-dessus le marché. Ils suivaient la croisade depuis l'Europe, sans faire partie de la suite d'aucun baron, ne dépendant que d'eux-mêmes. Certains les disaient brigands de grand chemin, d'autres, pauvres gens cherchant leur salut. Et sans doute étaient-ils un peu de tout cela, groupés pour survivre, jamais les derniers à piller l'ennemi au passage.

Quelques-uns d'entre eux s'étaient rendus au port de Saint-Siméon, où les bateaux d'Italie pouvaient à nouveau jeter l'ancre. Ils entendirent parler d'un homme arrivé là depuis peu, un Franc, qui se livrait au commerce de marchandises volées sur les navires. Entrer en contact avec lui leur sembla intéressant.

Tafur fut prévenu, il vint à Saint-Siméon. Au moment d'approcher l'homme, il reconnut Eudes de Paline ! Le traître s'était caché à Antioche avant de se réfugier au port voisin, craignant une vengeance de Gauthier et surtout la colère du duc Godefroi, très chatouilleux sur les questions d'honneur.

Le chef des ribauds retourna à Antioche en hâte, laissant à sa bande le soin de surveiller Eudes.

Il voulut envoyer au plus vite un message à Gauthier, mais n'eut pas à le faire : ses hommes, bien informés, lui apprirent que le chevalier était de retour.

Entre-temps, Gauthier avait eu beaucoup de mal à persuader Margalia de quitter Édesse. Baudoin avait durement châtié les émeutiers survivants, sans écouter aucun appel à la clémence ; la jeune fille se retrouva donc seule prisonnière dans la citadelle par sa propre volonté.

Gauthier alla la visiter chaque jour, essayant de la raisonner :

— À quoi vous sert de vous punir vous-même ? disait-il. Vous êtes désarmée à présent. Pleurez Thoros, mais oubliez la vengeance impossible.

Elle secouait la tête, douloureuse :

— Je veux que ma présence ici rappelle sans cesse son crime au comploteur...

— Pensez-vous ! Baudoin est sûr d'avoir raison quoi qu'il fasse.

Et Gauthier se mettait à genoux devant la jeune fille :

— Margalia, je vous aime, et je crois que vous partagez cet amour, pour mon plus grand bonheur. J'ai besoin de vous, je tiens à vous, sortez de prison, partons ensemble...

Elle réfléchit longuement avant de se laisser convaincre : elle ne pouvait effectivement plus faire grand-chose à présent, elle avait voulu une révolte contre Baudoin, trop peu de gens s'étaient ralliés à elle... Non, rester enfermée n'était pas une solution, Baudoin se moquait bien des réactions d'une petite Arménienne...

Margalia céda, il lui fut même doux de céder, au fond, car elle allait retrouver Gauthier, le suivre, l'épouser... Gauthier qu'elle avait injustement accusé d'être complice de Baudoin, Gauthier qui lui était si cher...

Le moine Clément maria le couple, non sans bafouiller un peu en prononçant la bénédiction nuptiale, par manque d'habitude. Seuls quelques Arméniens assistèrent à la cérémonie, Amaury n'y joua aucune musique.

Ensuite, les époux quittèrent Édesse. Margalia pleurait, elle n'avait même pas réussi à prévenir de son mariage la veuve de Thoros, sa tante. La reverrait-elle un jour ? Gauthier s'efforçait d'apaiser le chagrin de son épouse.

*

Des colonnes de pèlerins sortaient d'Antioche lorsqu'ils arrivèrent en vue de la ville, en compagnie du moine et du jongleur. La foule criait avec plus de force qu'à l'accoutumée : « Jérusalem ! » et « Saint-Sépulcre ! » ; il s'agissait surtout de gens du peuple, les nobles attendaient encore.

— Suivons-les, proposa le moine, saisi par la ferveur populaire.

— Non, répondit Gauthier, je dois me mettre au service de Godefroi de Bouillon.

— Que ferons-nous lorsque Jérusalem sera prise ? demanda Margalia.

— J'ai juré de consacrer ma vie à défendre les chrétiens de Palestine. Godefroi me fixera ma tâche.

— Tu peux lui faire confiance, l'interrompit le moine Clément ; il ne peut décider qu'avec sagesse tant sa piété est grande.

— Trop grande, peut-être, releva Amaury. J'ai ouï dire que ses proches s'en plaignaient, car les plats à sa table ont le temps de refroidir avant que les prières du duc se terminent.

Le moine jeta au jongleur un regard courroucé...

— L'important, c'est que nous ne soyons jamais séparés, murmura à son tour Margalia.

Gauthier approuva, avec conviction.

Le baron était invisible ce jour-là. Il fallait attendre. Le lendemain, Tafur parut. Gauthier se jeta dans ses bras, le ribaud le repoussa doucement en protestant :

— Je ne suis qu'un gueux, seigneur...

Il ajouta :

— J'ai retrouvé Eudes de Paline, mes hommes sont prêts à l'enlever. Il est à Saint-Siméon.

Gauthier le regarda un instant, puis demanda :

— Tafur, pourquoi faites-vous tout cela pour moi ?

Cette fois, Tafur répondit d'une voix grave :

— Il était une fois dans le désert d'Anatolie une vieille femme qui allait mourir de soif, lorsqu'un écuyer lui donna de l'eau, l'ôtant de sa propre bouche. On me l'a rapporté. Cette femme était ma mère, Dieu ait son âme, elle n'est plus de ce monde aujourd'hui.

— Alléluia ! cria le moine Clément, je me souviens...

Margalia serra le bras de son époux, touchée par sa générosité. Gauthier déclara :

— Je veux qu'Eudes comparaisse devant Godefroi de Bouillon, non seulement pour son guet-apens, mais aussi pour ses anciennes tentatives de meurtre durant le voyage. Et je l'accuserai en public d'avoir assassiné Philippe, le neveu du seigneur de Liancourt en terre de France. Il faudra bien qu'il s'explique... J'ai besoin que le passé s'éclaircisse pour apprécier pleinement le présent et l'avenir.

Godefroi de Bouillon reçut Gauthier, qui lui parla des événements d'Édesse et de la décision de Baudoin de le renvoyer ainsi que son épouse :

— Je suis venu me mettre à votre service, seigneur, comme Baudoin me l'a indiqué, prêt à vous suivre à Jérusalem.

— Attends, chevalier, tu vas rester avec moi, c'est d'accord, mais j'ai beaucoup à faire avant Jérusalem.

Nous devons chasser les chefs turcs et arabes des villes et des forteresses de la région. Les empêcher de nuire aux chrétiens pour toujours... Fais venir Eudes de Paline, puisque tu le désires, je vous entendrai tous les deux avant de quitter Antioche.

Gauthier s'inclina.

17

Le jugement de Dieu

Tafur tint sa promesse, il fit enlever Eudes par ses hommes. L'affaire fut exécutée avec rapidité et précision : les ribauds s'introduisirent par surprise dans la maison où il logeait, deux de ses compagnons tentèrent en vain de s'interposer ; Eudes voulut fuir, il n'en eut pas le temps... Heureusement, car le traître allait s'embarquer pour Venise...

C'est sur le dos d'un âne, ligoté, recouvert d'une toile, qu'il fut ramené à Antioche. Peu de jours après, il comparut devant Godefroi de Bouillon à la fin d'un conseil tenu par ce dernier.

Eudes était pâle de rage, effrayé, encore sous le choc de son enlèvement. Près de lui se tenait Gauthier, bien décidé à faire éclater enfin la vérité au grand jour, pour lui-même, mais aussi pour Margalia, bien que son épouse l'ait cru innocent dès leur première rencontre.

Chacun dit les choses à sa façon, Eudes nia toutes les accusations portées à son égard, les attentats contre Gauthier au cours du voyage. Il rappela la condamnation de Gauthier en France pour le meurtre de son ami Philippe :

— Voilà pourquoi, seigneur, je hais cet homme, déclara-t-il. Le voir participer à notre sainte croisade m'a bouleversé, même si je ne peux que m'incliner devant les décisions de sa sainteté le pape...

— Je n'ai pas tué Philippe, cria Gauthier. C'est toi l'assassin...

— Prouve-le !

Gauthier, frémissant, indigné, fixa son ennemi, sans parvenir à lui faire baisser les yeux.

Godefroi de Bouillon, indécis, consulta ses proches, les prêtres qui l'entouraient. Le guet-apens organisé par Eudes l'indisposait, mais d'un autre côté, Gauthier avait bien été condamné en terre de France. Le duc décida de s'en remettre au jugement de Dieu.

Eudes frémit en entendant la décision. Margalia eut également peur, savoir Gauthier en danger la faisait trembler. Le moine Clément jura que Gauthier ne risquait rien, que Dieu ne pouvait se tromper, ce qui fit soupirer l'incrédule Amaury...

Le même jour, Eudes et Gauthier se retrouvèrent donc face à face, l'épée à la main, en un champ clos, entouré de nobles et d'hommes d'armes. Un héraut donna le signal du combat.

Eudes se rua d'abord à l'assaut, avec l'énergie du désespoir, frappant à grands coups. Gauthier dut reculer avant de réagir et de charger à son tour.

Eudes se défendit, comme il avait appris à le faire durant son apprentissage de chevalier. Mais la peur le tenait plus fort encore que de coutume : lors d'un jugement de Dieu, qui n'avait pas la conscience tranquille perdait souvent ses moyens, se croyant condamné d'avance par Celui qu'on ne trompe pas.

Gauthier avançait toujours ; les lames se heurtaient avec force. Soudain Eudes fit un bond de côté et voulut s'échapper. C'était plus fort que lui !

Des hommes d'armes tentèrent de l'arrêter, il les frappa, essayant de se dégager. Le héraut lança un ordre, les sergents ripostèrent, et Eudes s'abattit, face contre terre.

Avant de mourir, il reconnut son attaque déloyale lors du tournoi organisé durant le voyage et avoua son guet-apens à Antioche. Mais il jura n'avoir jamais cherché à tuer ou à faire tuer Gauthier auparavant, et il n'était pour rien, affirma-t-il de toutes ses dernières forces, dans l'assassinat de Philippe de Liancourt...

Gauthier l'entendit, frappé d'étonnement, désemparé, ne sachant plus que penser.

*

La marche des chefs de la croisade vers Jérusalem à partir d'Antioche avait commencé en zigzags à travers la Palestine, pays de contrastes : montagnes nues, vallées fertiles, rocailles et déserts, terres verdoyantes plantées de lauriers, d'oliviers, d'arbustes aux mille senteurs.

Gauthier suivait Godefroi de Bouillon, guerroyant sur les terres du littoral, entre Antioche et Tripoli, essayant d'y installer un nouveau territoire pour les siens. La ville de Jabala résista, le duc, découragé, abandonna son siège pour rejoindre le comte de Toulouse, qui faisait, lui, le siège d'une autre ville : Arqa. Là aussi, les Arabes se défendaient avec énergie ; la foule des pèlerins, de plus en plus insistante, réclamait une fois encore d'aller droit sur Jérusalem, si proche maintenant.

C'est à Arqa que le moine Clément et Amaury se fâchèrent un jour l'un contre l'autre. En effet, comme le comte de Toulouse ne voulait pas lâcher la ville assiégée, Barthélemy, le curé de Marseille qui avait découvert la sainte lance à Antioche, eut pour lui complaire une nouvelle vision. Il annonça en public : Dieu lui indiquait qu'il fallait prendre Arqa coûte que coûte.

Les incrédules crièrent à la tromperie, exigeant l'épreuve du feu. Après trois jours de jeûne, Pierre Barthélemy dut traverser, pieds nus, des broussailles enflammées.

— Il est mort de ses brûlures, annonça Amaury à Clément.

— Les voies de Dieu sont impénétrables, riposta le moine. Un mécréant comme toi ne peut le comprendre. Je me demande pour quelle raison tu participes à la sainte croisade ?

— Je suis un curieux, répondit le jongleur. L'occasion s'est offerte d'aller là où, peut-être, il allait se passer quelque chose de grand, d'important, qui vaille des poèmes et des airs de musique...

Le moine haussa les épaules, Margalia dut réconcilier les deux hommes.

Gauthier fut heureux lui aussi de voir les croisés repartir en ligne droite vers Jérusalem. Comme tant d'autres son cœur battait de plus en plus fort au fur et à mesure qu'il s'en rapprochait...

18

La vérité

Juin 1099

Enfin un jour, après cinq mois de marche et de conquêtes à partir d'Antioche, le moine Clément bouleversé, brandissant sa croix, accourut vers ses compagnons. Il eut du mal à s'exprimer tant l'émotion l'étouffait :

— En vérité, je vous le dis, cria-t-il, il s'agit du propre cousin de notre duc, et de Tancrède, le neveu de Bohémond ! Ils reviennent d'une reconnaissance à Bethléem ! Vous avez bien entendu : Bethléem ! Des chrétiens les ont accueillis avec bonheur, ils ont vu de leurs propres yeux la crèche sainte où reposa le Christ ! Il ne s'agit pas d'un rêve, mes amis... Demain, nous serons à Jérusalem !

Et le lendemain, en effet, Jérusalem parut aux yeux d'une douzaine de milliers de pèlerins en extase.

Ils avaient escaladé en masse pour cela une colline dominant la ville, à qui ils donnèrent aussitôt le nom de Mont-Joie. Gauthier et Margalia allaient main dans la main. Parvenus au sommet, tous crièrent de bonheur, embrassèrent la terre, levèrent les bras au ciel, le remerciant de les avoir conduits jusqu'à la cité sainte où Jésus voulut sauver le monde !

De grands seigneurs manquaient au rendez-vous : Hugues de Vermandois, frère du roi de France, avait abandonné la croisade ; Bohémond le Normand surveillait Antioche ; Baudoin, Édesse...

Les croisés entourèrent la ville, chaque baron s'attribuant un secteur comme devant Antioche ; les tentes s'alignèrent en files portant chacune la bannière du noble qui l'occupait. Les simples soldats eurent aussi des tentes pour les abriter, et même les chevaux ; il faisait en effet une chaleur épouvantable, un soleil de feu pesait durant le jour sur la terre sèche et les rochers nus.

Le siège s'annonçait difficile, Jérusalem possédait de hautes enceintes, une énorme forteresse protectrice aux murs épais dont les pierres étaient scellées entre elles par du plomb fondu. Elle avait été reprise aux Turcs quelques mois auparavant par une armée arabe venue d'Égypte, composées en bonne partie de Noirs du Soudan. Les vivres s'y trouvaient en abondance, comme l'eau, recueillie dans de vastes citernes durant les pluies de l'hiver passé.

En revanche, à leur habitude, les croisés manquèrent vite de nourriture, les paysans des environs s'étant enfuis avec leurs bêtes. Mais l'eau surtout faisait défaut. Rare aux abords de la ville, elle avait été polluée par les musulmans dans les sources et les fontaines. Les chrétiens devaient se contenter de l'eau croupie de lointains marais, boueuse, infestée de vers et de sangsues.

Gauthier voyait avec peine les souffrances endurées par Margalia ; il lui disait qu'elles n'auraient qu'un temps, qu'on attendait du matériel pour attaquer la ville et qu'il arriverait vite, porté par des navires venus d'Europe au port voisin de Jaffa.

Margalia ne se plaignait pas, elle était même heureuse. Ses tristes souvenirs s'estompaient peu à peu au contact de son époux qu'elle ne quittait plus, à cheval comme lui, l'épée au côté.

Le soir venu, ils allaient tous les deux contempler Jérusalem, ville blanche dominée par la coupole du Rocher et par la masse imposante des édifices religieux fortifiés, dont la mosquée al-Aqsa. Autour d'eux des pèlerins pleins d'impatience priaient avec ferveur, à genoux, dans l'attente de l'attaque décisive. Même Amaury le jongleur, impressionné par la piété ambiante.

Margalia et Gauthier parlaient de l'avenir. Quel sort leur réserverait Godefroi ? Sans doute allaient-ils s'installer à Jérusalem, une fois la ville délivrée. Gauthier devrait veiller, comme d'autres, à la sécurité des pèlerins.

Le chevalier était pensif, préoccupé en pensant aux événements récents. Il ne pouvait mettre en doute les paroles d'Eudes avant sa mort : alors, qui donc avait cherché à l'assassiner ? Et qui avait tué Philippe de Liancourt ?

La réponse à ses interrogations surgit un jour, étonnante. Un homme approcha du couple, marchant avec difficulté, vêtu de loques, hirsute ; il aurait ressemblé à un ribaud si ce n'était la faiblesse qui marquait chacun de ses gestes. Il se laissa tomber aux pieds de Gauthier.

Gauthier se pencha, surpris, voulut aider l'homme à se relever et reconnut soudain le sergent Guillaume, disparu après leur arrivée en Asie. En deux ans, il avait pris vingt ans d'âge...

Guillaume se redressa, demanda pardon, le visage bouleversé d'émotion :

— Je n'ai vécu que pour cet instant, dit-il. Écoutez-moi.

Il s'assit sur le sable, reprit son souffle avec difficulté. Puis il raconta qu'à peine arrivé en Orient, les Turcs l'avaient capturé durant la bataille de

Dorylée, traîné à leur suite comme esclave, avant qu'il ne réussisse à s'échapper.

— J'ai marché des jours, des semaines... Je voulais vous rejoindre, dire la vérité avant de mourir...

La vérité foudroya Gauthier : Philippe avait été tué par son oncle, le comte de Liancourt, qui héritait ainsi de la fortune familiale. Guillaume avait été son complice. C'est lui qui avait volé la dague de Gauthier. Lorsque ce dernier échappa au gibet, le comte, furieux, chargea le sergent de l'accompagner et de l'assassiner durant le voyage pour qu'aucune contestation ne puisse jamais voir le jour. À l'époque, Guillaume serait allé au bout du monde pour accomplir sa mission, seule sa capture l'avait arrêté. Mais Dieu l'avait puni, dit-il, en le rendant esclave ; il avait réfléchi, pleuré et s'était repenti...

Le sergent accepta de signer sa confession d'une croix, une fois qu'Amaury l'eut transcrite sur un parchemin, contresigné par Godefroi de Bouillon en personne. Gauthier éprouva un bonheur indicible à la vue de ce document qui l'innocentait.

— Pardonne à cet homme, dit Margalia. Il n'était qu'un comparse, et nous sommes aux portes de Jérusalem.

Gauthier laissa partir Guillaume, épuisé, qui n'avait visiblement plus que peu de temps à vivre.

19

Jérusalem

Juillet 1099

— Ils arrivent !

D'un seul coup, à cette annonce, le camp des croisés s'anima. Comme prévu, des navires venus de Gênes, Pise et Venise, s'annonçaient au port de Jaffa. Ils apportaient du matériel de guerre, béliers et catapultes, ainsi que du bois et du fer pour construire des échelles géantes et des tours mobiles. De la nourriture aussi.

Chacun se mit au travail. Des caravanes de chameaux transportèrent le matériel jusqu'à Jérusalem. Partout résonnaient haches et marteaux, des maîtres charpentiers italiens dirigeaient les travaux. L'émotion grandissait encore, l'impatience, chacun œuvrait jusqu'à la limite de ses forces, sans s'inquiéter ni de la fatigue ni du soleil en feu.

Le 8 juillet, les pèlerins, barons en tête, gravirent, pieds nus, le mont des Oliviers, où Jésus avait été pris parmi ses disciples endormis, trahi par Judas...

Sur l'ordre des barons, la bataille s'engagea ensuite ; les tours furent poussées contre les murailles, protégées tant bien que mal par des claies d'osier et des couvertures en peaux de bêtes. Durant des jours la garnison égyptienne repoussa les assauts acharnés des croisés, surtout grâce au feu grégeois, mélange enflammé de salpêtre et de bitume jeté sur les assaillants...

Enfin l'attaque aboutit. Godefroi de Bouillon fut l'un des premiers à prendre pied sur la muraille d'enceinte, franchissant une passerelle avancée à partir d'une des tours mobiles, se frayant un chemin à grands coups d'épée. En même temps, malgré de lourdes pertes, des grappes de soldats arrivaient à escalader les échelles, fermement tenues à leur base...

À partir de cette brèche faite dans la défense, les croisés entrèrent dans la ville, emportés par un irrésistible élan. Des portes furent ouvertes, par où s'engouffrèrent des renforts d'hommes d'armes.

— Dieu le veut ! Saint-Sépulcre ! En avant !

Les combats se prolongèrent des heures durant. Beaucoup de défenseurs de la ville s'étaient retranchés dans la grande mosquée d'al-Aqsa ; la prise de cette dernière se termina par un massacre...

Gauthier combattait près d'une mosquée voisine où une foule de musulmans réfugiée demanda l'« aman » (la grâce) à grands cris. Elle leur fut accordée par Tancrède, qui prit les gens sous sa protection, laissant sa bannière comme sûreté. Il voulait tirer rançon des prisonniers, mais, tandis qu'il rejoignait les siens au combat, d'autres vagues de croisés arrivèrent ; la bannière n'y fit rien, les musulmans sans défense furent exterminés.

C'est ce que Gauthier apprit plus tard, car, à ce moment-là, il courait avec les hommes de Godefroi en direction de la citadelle, de l'autre côté de la cité ; des combats acharnés s'y poursuivaient. Bientôt les Égyptiens furent pris entre deux feux, les vainqueurs des mosquées déboulant des ruelles pour les prendre à revers...

Le gouverneur de la citadelle, perdant courage, se rendit contre promesse de pouvoir quitter librement la ville avec ses soldats. Escortés par des croisés, les Égyptiens se retirèrent plus tard jusqu'à la mer...

Ailleurs, hélas, des massacres se poursuivaient, s'étendaient ; il fallait nettoyer la Ville sainte des infidèles : la foule était ivre de joie et de sang, personne ne parvenait plus à la contenir...

Les croisés pillaient Jérusalem de fond en comble, édifices publics et maisons particulières. Les barons avaient d'ailleurs promis par avance que chaque maison appartiendrait au premier croisé qui entrerait à l'intérieur. Une fois les habitants tués ou en fuite, les querelles ne manquèrent pas entre chrétiens pour la possession des plus belles, bien que Jérusalem fût grande. Pourtant, la promesse des barons empêcha que la cité ne soit incendiée ; Gauthier vit une seule bâtisse en feu : la synagogue, temple des juifs, avec ses fidèles à l'intérieur...

Le butin ramassé tout un jour semblait immense, le plus misérable des ribauds, disait-on, en avait une part suffisante pour vivre à l'aise sa vie durant.

Le soir venu, la ville prise, les chrétiens se calmèrent, la tempête s'apaisa enfin. Les croisés se lavèrent les mains, quittèrent leurs vêtements ensanglantés, revêtirent des robes propres et s'en allèrent en masse, pieds nus, vers l'église du Saint-Sépulcre où retentit le Te Deum de la victoire.

Tous pleuraient, s'embrassaient, beaucoup se jetaient au sol, visage contre terre, les bras en croix, oubliant en un instant trois années de souffrance, heureux et apaisés, persuadés d'avoir gagné la vie éternelle.

*

Gauthier s'était battu avec fougue, résistant cependant comme certains à la folie meurtrière... Tafur lui proposa une demeure ; il fallait bien se loger quelque part. Il s'installa donc avec Margalia, le moine et le musicien dans une agréable villa que nul ne lui disputa car elle était discrètement protégées par les ribauds.

Les barons en grande discussion, les croisés en fête, en prière ou en repos, Gauthier eut le temps de réfléchir. Des pensées nouvelles lui venaient à l'esprit concernant l'avenir.

Il hésita longtemps avant de parler à Margalia, qui se montrait surprise de le voir soucieux et à l'écart, rêvant, pesant le pour et le contre, s'habituant à ce désir qui l'avait pris soudain...

Le moine Clément vivait comme en extase, priant pour les vivants et les morts, tandis qu'Amaury écrivait ses chansons sur les événements remarquables auxquels il avait assisté... Enfin Gauthier se décida :

— J'ai été à Dorylée, dit-il à son épouse, où fut défaite l'armée des Turcs, puis à Antioche, quand s'enfuirent les renforts ennemis. De toutes mes forces, je me suis battu pour prendre Jérusalem. Voilà qui est fait... Maintenant, je ne sais plus que décider. Il est vrai que de nouveaux combats s'annoncent où chaque épée chrétienne sera utile, mais ne suis-je pas en réalité relevé de mon serment de toujours combattre en Palestine ? Je l'ai fait, contraint et forcé, injustement condamné, pour ne pas mourir...

Margalia le regarda pensive, sans rien répondre encore.

— J'ai envie de revoir ma mère, mon château, mon pays, reprit Gauthier. Qu'en penses-tu ? Veux-tu me suivre ?

Il ne disait pas toute sa pensée, qui était aussi de tirer vengeance du seigneur de Liancourt.

— Je te comprends, murmura doucement Margalia. J'irai où tu iras. De toute façon, il m'est interdit de demeurer là où je suis née, là où j'ai toujours vécu.

Le moine Clément ne fut qu'à moitié surpris en apprenant la décision du couple :

— Je vous suivrai, dit-il. D'ailleurs beaucoup de pèlerins parlent aussi de retour. Certains se sont déjà remis en route.

Gauthier alla trouver Godefroi de Bouillon, exposa son désir. Le duc lui donna congé, non sans quelque regret, il est vrai...

Et puis les événements se précipitèrent : Tafur apprit qu'un navire italien allait reprendre la mer, des places se trouvaient disponibles à son bord, il fallait se décider tout de suite...

*

Un matin, au lever du soleil, Gauthier et Margalia s'embarquèrent, suivis du moine Clément. Ils restèrent sur le pont au milieu d'une foule de passagers tandis qu'on levait l'ancre. Gauthier pensait qu'il venait de vivre un très long rêve et qu'il allait s'éveiller à présent. Puis, il regarda Margalia, bien réelle près de lui. Il lui prit la main, Margalia lui sourit, elle avait le cœur serré en se disant qu'elle ne reverrait sans doute jamais plus Édesse. Comment était ce pays où elle allait vivre désormais ? La jeune femme se serra contre son époux. Près d'eux, le moine bénissait ceux qui restaient à terre.

Un homme fit un geste d'adieu sur le quai en criant : « Bonne chance ! » C'était Tafur, le chef des ribauds, vêtu de soie, un collier d'or autour du cou. Près de lui, un peu triste, Amaury le Vif jouait de la vielle, un air nouveau dans lequel il mêlait les parfums de la France lointaine et les senteurs multiples de l'Orient.

Pour en savoir plus...

Le temps des croisades

L'origine des croisades

Les sentiments religieux comptaient beaucoup au Moyen Âge, l'Église était toute-puissante. Lorsque le pape Urbain II, d'origine française, prêcha la première croisade en 1094, il fut largement entendu. Il s'agissait officiellement de délivrer Jérusalem pour permettre aux pèlerins chrétiens d'Europe d'y accéder ; les Turcs avaient pris la Ville sainte aux Arabes vingt ans auparavant et se montraient moins accueillants que leurs prédécesseurs (ce qui est d'ailleurs contesté par des historiens).

Mais la croisade à laquelle participa le héros de ce roman, Gauthier de Terrehaute, avait d'autres causes. Dans son discours aux chrétiens de France, le pape rappela ouvertement que : « le pays était trop petit pour ses habitants ». La croisade fut donc aussi une guerre coloniale. La population des grands pays d'Europe augmentait, les seigneurs se battaient entre eux, autant employer cette énergie pour les envoyer s'installer en Orient. Surtout que l'empire grec de Byzance s'affaiblissait, les Turcs s'étant emparés des provinces d'Asie jusqu'alors occupées par l'empereur de Constantinople. La peur de voir les musulmans arriver jusqu'en Europe, comme jadis, commençait à se manifester.

La première croisade se termina par la prise de Jérusalem, où ne furent épargnés ni femmes ni enfants : « La ville présentait en spectacle un tel carnage d'ennemis, une telle effusion de sang que les vainqueurs eux-mêmes en furent frappés d'horreur et de dégoût », écrivit plus tard Guillaume de Tyr, archevêque de Palestine et chroniqueur.

Les croisés fondèrent le Royaume de Jérusalem, la principauté d'Antioche et les comtés d'Édesse et de Tripoli, Godefroy de Bouillon fut placé à la tête de Jérusalem ; un an plus tard, à sa mort, Baudoin de Boulogne quitta Édesse pour lui succéder sous le nom de Baudoin Ier.

La suite

Bien évidemment, les Arabes ne restèrent pas insensibles à l'occupation par les chrétiens d'une grande partie de la Palestine et de la Syrie. Malgré leurs premières défaites, ils reprirent le combat.

Une armée venue d'Irak s'empara d'Édesse, ce qui provoqua une deuxième croisade en 1146, que prêcha saint Bernard à Vézelay.

L'arrivée en Orient de nouvelles troupes françaises et allemandes n'empêcha pas la chute de Jérusalem en 1187, victoire obtenue par Saladin, sultan d'Égypte et de Syrie, considéré même par ses adversaires comme un modèle de soldat et de chevalier.

Durant une troisième croisade, Jérusalem ne put être délivrée par l'empereur d'Allemagne Barberousse, le roi d'Angleterre Richard Cœur de Lion et le roi de France Philippe Auguste, réunis. Un accord fut cependant signé avec Saladin, permettant aux chrétiens de demeurer en Orient.

Lorsque Saladin mourut, une quatrième croisade se mit en marche en 1202. Elle devait attaquer l'Égypte, mais sous la pression de la puissante cité de Venise, elle changea de route, tentée par les richesses de l'Empire byzantin. Elle conquit Constantinople et instaura dans la région un Royaume latin...

Il est impossible en quelques lignes de résumer les multiples péripéties des croisades. Il y en eut neuf en tout jusqu'à la fin du XIIIe siècle. La religion avait vite cessé d'en être l'inspiratrice, remplacée par des intérêts commerciaux, des convoitises, des rivalités politiques de toute sorte... C'est Saint Louis qui mena les septième et huitième croisades ; il mourut devant Tunis en 1270. En 1291, les dernières places fortes chrétiennes en Orient tombèrent ou furent évacuées : Saint-Jean-d'Acre, Tyr, Sidon, Tortose...

Les Templiers

Après la première croisade, les princes chrétiens eurent besoin de soldats pour accueillir les pèlerins et assurer leur sécurité dans des régions toujours troublées. Trois ordres de chevalerie furent créés : les Hospitaliers, qui soignèrent blessés et malades, les Templiers, moines-soldats chargés de la protection des lieux saints et de leurs visiteurs, et, plus tard, les Chevaliers teutoniques.

Malgré leurs vœux de pauvreté et de charité, les Templiers s'enrichirent vite. Huit seulement au départ, ils grandirent en nombre et en puissance, ne dépendant que du pape, recevant de nombreux dons, pillant les musulmans et parfois les chrétiens eux-mêmes.

Les Templiers se sont emparés, ou bien ont fait construire, d'importantes forteresses sur les chemins de Palestine, de Syrie, du Liban, capables d'héberger des centaines de combattants ou de pèlerins. La plus célèbre de ces forteresses est le « Krak des Chevaliers ». D'autres portent des noms significatifs : « La pierre du désert », « La blanche garde », « Le château pèlerin ». Plus tard, ils achetèrent des navires marchands et devinrent aussi des banquiers, gérant l'argent de nombreux princes d'Europe.

Leur puissance et leur richesse étaient si grandes qu'elles provoquèrent en France la jalousie de Philippe le Bel. Le roi fit arrêter les moines en bloc après leur retour de Terre sainte. Accusés de mœurs dissolues et d'idolâtrie, de nombreux Templiers furent condamnés à mort et leurs richesses confisquées.

Les croisades d'enfants

Comme preuve supplémentaire de la force du sentiment religieux au Moyen Âge, pour montrer jusqu'où il pouvait conduire, on peut évoquer les croisades d'enfants qui eurent lieu en l'an 1212.

En Allemagne d'abord. Trente mille enfants environ, dit-on, répondirent à l'appel d'un certain Nicolas, de la région de Cologne, échappant à leurs familles et traversant les Alpes à sa suite. Aucun navire ne voulant leur faire traverser la Méditerranée jusqu'en Terre sainte, ils se dispersèrent dans un grand désordre.

La même année en France, Étienne, un berger de douze ans, alla trouver Philippe Auguste pour lui dire que le Christ lui était apparu en songe, lui ordonnant de se rendre en Palestine. Le roi le renvoya, mais Étienne prêcha la croisade et finalement vingt mille enfants le suivirent jusqu'à Marseille. Il leur promit que la mer allait s'ouvrir devant eux et qu'ils la traverseraient à pied sec. La mer ne s'ouvrit pas, mais des capitaines sans scrupules les firent embarquer sur sept navires, leur promettant de les transporter gratuitement. Deux de ces bateaux coulèrent, les cinq autres arrivèrent en Égypte et en Tunisie où les enfants furent vendus sur les marchés comme esclaves…

Les résultats des croisades

Si aucune conquête durable n'a été réalisée par l'Europe en Orient, les croisades ont provoqué un fort développement du commerce et des échanges entre ces deux régions du monde, résultat en particulier de l'activité des villes marchandes d'Italie, mais pas seulement.

En Europe elles ont quelque peu modifié les rapports entre la noblesse et la bourgeoisie des villes et des campagnes : pour financer leurs expéditions, les seigneurs durent céder un certain nombre de leurs droits et de leurs biens contre argent comptant, les communes achetèrent des terres, des dispensations de corvées, etc. Des serfs furent libérés, de plus, le départ régulier pour l'Orient de nobles ne sachant rien faire d'autre que se battre réduisit le nombre des conflits intérieurs et donc assura plus de tranquillité et moins de malheur pour les simples gens...

Mais c'était peut-être chèrement payer la mort de dizaines de milliers au moins de chrétiens et de musulmans.

Des juifs aussi subirent le contre-coup des croisades, qui donnèrent lieu, par exemple, à la naissance des premiers « progroms » en Europe, attaques meurtrières contre les communautés juives, à Rouen, à Spire et Cologne en Allemagne, en Hongrie...

Bertrand Solet

L'auteur est né à Paris en 1933. Après avoir fait des études de cinéma, puis d'économie, il a été de longues années responsable d'un service de documentation. Il a également beaucoup voyagé. Marié, père de famille et grand-père, Bertrand Solet a publié une cinquantaine d'ouvrages pour la jeunesse, des romans historiques, mais aussi des récits contemporains. Il a obtenu de nombreux prix.

Du même auteur, chez Flammarion jeunesse :

Les révoltés de Saint-Domingue
La révolte des camisards
Espion en Égypte
Chasseurs d'esclaves

Miguel Coimbra

Miguel Coimbra est autodidacte et vit près de Saint-Étienne. Il a travaillé comme concepteur graphique dans le jeu vidéo avant de se lancer comme illustrateur pour l'édition. Il illustre des romans, mais aussi des jeux de rôle et des cartes à collectionner. Il a déjà travaillé pour de nombreux éditeurs en France et à l'étranger. Son univers est celui du fantastique, de l'Histoire et de la mythologie.

Table des matières

ROMANS

Tout un monde de lecture
entre les mains.

TITRES DÉJÀ PARUS

Flammarion jeunesse

Chaân, la rebelle (tome 1)

Christine Féret-Fleury

3 500 ans avant notre ère, au cœur de la Préhistoire... Chaân, une jeune fille éprise de liberté, défie les lois de son peuple en apprenant à chasser en secret. Elle est alors rejetée par tous les habitants du village et par son propre père. Chaân semble prête à tout pour conquérir son indépendance. Mais saura-t-elle surmonter les épreuves qui l'attendent ?

« Non, elle ne laisserait personne l'empêcher de vivre à sa guise. S'il le fallait, elle se battrait. Elle supporterait les pires épreuves... »

Le premier épisode des aventures de Chaân.

Claudine de Lyon

Marie-Christine Helgerson

Claudine a onze ans, elle travaille dix heures par jour dans l'atelier de son père, à tisser de la soie. Mais cette vie épuise la petite fille qui tombe gravement malade. Pour guérir, elle part à la campagne. Claudine veut retrouver la santé et elle n'a pas envie de retourner à Lyon pour travailler. Ce qu'elle désire par dessus tout, c'est aller à l'école et réaliser son rêve : savoir lire, écrire et surtout dessiner.

« J'en ai assez de recevoir des ordres. Je veux choisir pour moi. Je sais bien ce que je ferai : j'irai à l'école, j'apprendrai des tas de choses et je ferai des dessins encore plus beaux que ceux de Carlo. »

Flammarion jeunesse

De Sacha à Macha
Rachel Hausfater et Yaël Hassan

Derrière son ordinateur, Sacha envoie des mails à des destinataires imaginaires, comme autant de bouteilles à la mer. Jusqu'au jour où Macha répond. Commence alors une bien étrange correspondance, pleine de tâtonnements mais aussi de confidences… Est-ce le début d'une belle amitié ?

« Tu m'as fait une de ces peurs ! J'ai eu l'impression que j'allais tomber dans un gouffre. Tu es la seule personne qui m'ait tendu la main : j'ai besoin que tu me la tiennes encore un peu. Beaucoup. Longtemps. Toujours. »

Jonathan Livingston le goéland
Richard Bach

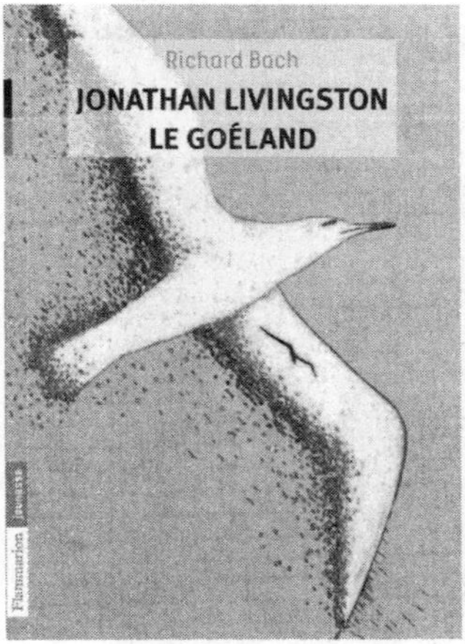

Jonathan Livingston n'est pas un goéland comme les autres. Sa seule passion, c'est de voler toujours plus vite, toujours plus haut. Incompris des autres goélands, il est chassé du clan. Il poursuit, solitaire, sa quête de liberté. Sera-t-il condamné à vivre son rêve seul ?

« Il remarqua qu'aux vitesses extrêmes plusieurs plumes dressées simultanément le faisait tournoyer comme une balle de fusil... Jonathan venait de réussir la première acrobatie aérienne de toute l'histoire terrestre des goélands. »

Jun-ling, une enfance chinoise

Adeline Yen Mah

Orpheline de mère, Jun-ling est le souffre-douleur de sa famille. Ses frères et sa sœur lui reprochent la mort de leur mère et son père la néglige. Soutenue par son grand-père Ye Ye et sa tante Baba, Jun-ling apprend à avoir confiance en elle et à partager leur amour des lettres. Elle y puisera la force de prendre son envol...

« Tu as à l'intérieur de toi quelque chose d'unique, de précieux, je l'ai toujours senti. Tu ne dois pas le gaspiller. Il faut leur prouver qu'ils ont tort. Promis ?
- Juré ! »

L'heure du renard

Marie-Claude Bérot

Isa est une petite fille peu ordinaire.
Elle connaît chaque plante, chaque animal, chaque étoile.
Elle aurait même de mystérieux pouvoirs...
Isa aime se réfugier dans la forêt où elle peut écouter la nature lui souffler ses secrets. Un jour, à la tombée du soleil, elle rencontre un renard sauvage.
Les destins de la bête et de l'enfant semblent liés...

« - Ne bouge pas, je vais revenir. Tu entends, je vais revenir. Le renard, comme s'il avait compris, souleva ses paupières et les laissa retomber. »

Flammarion jeunesse

L.O.L.A.
Claire Mazard

Qui adresse du courrier à Lola sans le signer ?
Pourquoi un inconnu l'a-t-il choisie comme confidente ?
Pour la jeune collégienne, ces lettres anonymes sont d'abord agaçantes, puis touchantes et finalement intrigantes.
Lola décide de mener son enquête.
La réponse est pourtant si proche d'elle...

« À la fin de la troisième lettre, en bas de la page, quelques lignes avaient été rajoutées : Je ne saurais te redire, Lola, combien cela m'aide de te raconter mon histoire. »

Flammarion jeunesse

L'île au trésor

Robert Louis Stevenson

Jim Hawkins, jeune garçon courageux, s'embarque sur un navire à la recherche d'un trésor enfoui sur une île déserte. Il se trouve alors aux prises avec des pirates patibulaires, dont un certain Long John Silver doté d'une jambe de bois. Cette aventure incroyable nous plonge dans un monde de pirates sanguinaires, plus vrais que nature, qui s'entredéchirent sur une île brûlée par le soleil. L'affrontement sera sans merci...

« En admettant que j'aie ici dans ma poche un indice capable de nous guider vers le lieu où Flint a enterré son trésor, croyez-vous que ce trésor serait considérable ? »

Flammarion jeunesse

Imprimé à Barcelone par:

CPi
BLACK PRINT

Composé par Nord Compo Multimédia
7, rue de Fives, 59650 Villeneuve-d'Ascq

Dépôt légal : janvier 2012
N° d'édition : L01EJEN000819.C002
Loi n° 49-956 du 16 juillet 1949
sur les publications destinées à la jeunesse